读懂 老子

《道德经》入门

王建国 著

团结出版社

图书在版编目（CIP）数据

读懂老子：《道德经》入门 / 王建国著.
— 北京：团结出版社，2020.12

ISBN 978-7-5126-8422-5

Ⅰ.①读… Ⅱ.①王… Ⅲ.①道家②《道德经》—通俗读物 Ⅳ.①B223.1-49

中国版本图书馆CIP数据核字(2020)第215462号

出版：团结出版社
（北京市东城区东皇城根南街84号 邮编：100006）
电话：（010）65228880 65244790 (传真)
网址：www.tjpress.com
Email：zb65244790@vip.163.com
经销：全国新华书店
印刷：天宇万达印刷有限公司
开本：145×210 1/32
印张：9.5
字数：200千字
版次：2021年1月 第1版
印次：2021年1月 第1次印刷
书号：978-7-5126-8422-5
定价：68.00元

老夫聊发少年狂

（代序）

庚子年到了，我的人生正好经历了一个轮回。在即将解甲归田的当儿，不免会对六十年的过往进行一番回顾：少年饥饿、青年勤勉、中年艰辛、晚年应该自在。此时此刻，心中有一种往事不堪回首的感觉。

从地平线以下爬出来的我，打小就饱尝了饥饿的痛苦，感受了贫穷的耻辱。也正因为这种经历，为我日后拼搏注入了不竭的动力。不管怎么说，我还算个幸运儿。因为奋斗的最终结果已经远远超出老母亲的目标，同时也远远超出自己的预期。所以，我很满足，我很快乐，当然我也很健康。人生是短暂的，旅途是曲折的，虽有坎坷，但波澜不惊，每每遇到磕绊，不经意间都绕过去，回头想起真是庆幸！有人常常问我，你是怎么做到的？我真的回答不上来。今天我终于明白了，甚至是大彻大悟，那就是有老子他老人家的一路陪伴。

记得1999年，在我刚担任县委书记的时候，就开始涉猎有关老子方面的书籍，至今也不知道是什么原因。那时不像现在，市面上能买到的相关资料非常的少，我的"启蒙"读物是一本老子传记，具体书名已经记不清了。

随着年龄的增长和阅历的增加，对老子的兴趣愈加浓厚。于是，从

2010年开始到现在，我用了十年时间，通过听讲座、查资料、细推敲、勤揣摩，对老子《道德经》进行了潜心研究。老子《道德经》是"人君南面之术"，它涵盖了经国之道、统御之术、修身法要。古往今来，注解老子《道德经》的著作汗牛充栋，不可胜数。而历代注老、解老专著都是"仁者见仁，智者见智"，众说纷纭，异彩纷呈，真可谓"千江有水千江月"。作为一个后来人，只能在浩如烟海的典籍中寻觅"知音"，可是古训告诉我"千金易得，知音难觅"。确实，有些解读是不能苟同的。比如第一章第一句"道，可道也，非恒道也。"大部分的解释是"可以用语言讲述的道就不是永恒的道。"老子整部《道德经》是韵文体，上下句都是对仗的。解读的时候应该考虑上下句的词性结构。第一章的第二句是"名，可名也，非常名也。"很显然，第一个"名"是指名相，第二个"名"是名词动用，意思是命名。按照第二句的语法结构，第一句"道，可道也，非恒道也"的第二个"道"应该是行道的意思，那么整句话的意思是"道（规律）是可以遵循践行的，但它无始无终，无穷无尽，并不是永恒不变的。"再比如第59章"治人事天，莫若啬"，从古至今的注家都把"治人事天"解释为治理人事奉天；"莫若啬"的解释就更加滑稽了，有解释成种庄稼的，有解释成节俭的，五花八门。"治人事天"是倒装句，意思是按天道法则来修身治国，即做到"天人合一"。"治人"就是克己，自我约束，自我完善，不断增加自己的后天之德；"事天"就是按天道规则行事。"啬"本爱惜之义，可引申为爱惜万物。这句话的意思应该是按照天道法则修身治国，莫不如从爱惜民众、爱惜万物开始。再比如第75章，"民之轻死，以其求生之厚也，是以轻死。"凡是能看到的释文，包括有些名人大德都解释为"人民不怕死，是由于统治者追求生活享受太过分，所以，人民不怕死。"仔细推敲推敲能是这样吗？统治者奢侈腐化就能造成老百姓不怕死？充其量也是间接原因吧。我认为，这句话的意思应该是"人民之所以敢冒着生命危险去抗争，是因为他们求生的愿望太强烈了，所以才不怕死。"这和《史记·陈涉世家》说的是一个道理："今亡亦死，举大计亦死，等死，死国可乎？"

类似这样的问题很多很多，说实在话，这也是我写这本书的根本动因。

老子思想的核心是"道"，对"道"能不能正确解读事关全局。所以，我用了大半年的时间，才把第一章的意思弄明白。记得是在2018年秋季的一个晚上，我一个人坐在书桌前苦思冥想，忽然眼前一亮，闪现出一张图。马上，我让夫人把这张图绘出来，因为她的电脑水平比我高。这张图把"道"和"德""有"和"无"的关系描绘的一清二楚。当时我欣喜若狂，如获至宝。第二天我就将我们当地的一位老学者安源先生找来与他分享研究成果，他认为很有价值。于是，我按照这张图的逻辑，顺利地解读了整部经典。后来，我以"开启老子智慧的钥匙"为题到处讲学，通过讲学自我感觉提高了不少，内心很是满足。

一转眼，庚子年到了，我急急忙忙收拾整理文稿，准备退休回家。就在这个时候经常有人问我要讲稿，而讲稿零零碎碎，且都是些提纲，没法给人家提供。好多人都劝我将讲义整理成书。

就这样，在大家的鼓励下，年近六十的我焕发了青春的活力，夜以继日地斟酌、修改、整理，今天终于完成任务了，我如释重负。我知道古圣先贤解老、注老的站位都比较高，韩非子是从政治哲学的角度解老，河上公从修身养生的角度注疏老子，王弼是从本体与方法相统一的角度诠释老子，而我这个名不见经传的小人物，则是站在一个基层领导干部的视角来窥探老子，胆量也算不小。

现将部分讲义和依据帛书(甲、乙本)及楚简整理的经文解析集结成册，奉献给大家，希望对广大老子《道德经》爱好者能有所裨益。

由于本人才疏学浅，书中有些观点不一定正确，借此机会也请道学大家和广大读者多多指教。

王建国
2020年9月

目 录

上 篇

第一章 老子其人 ··· 3
第二章 老子思想产生的渊源 ······························· 8
  一、社会渊源 ··· 8
  二、思想渊源 ·· 10
  三、职业渊源 ·· 10
第三章 老子思想精髓 ·· 12
  一、老子的宇宙观 ··· 12
  二、老子的认识论 ··· 26
  三、老子的人生观 ··· 40
  四、老子的价值观 ··· 58
  五、老子的治国理念 ····································· 69

下 篇

道 经 ··· 83
  第一章 ·· 83

第二章	86
第三章	93
第四章	99
第五章	101
第六章	104
第七章	105
第八章	109
第九章	114
第十章	116
第十一章	122
第十二章	124
第十三章	127
第十四章	129
第十五章	131
第十六章	133
第十七章	135
第十八章	138
第十九章	139
第二十章	141
第二十一章	147
第二十二章	148
第二十三章	152
第二十四章	154
第二十五章	156
第二十六章	158

第二十七章	161
第二十八章	163
第二十九章	168
第三十章	169
第三十一章	171
第三十二章	173
第三十三章	175
第三十四章	178
第三十五章	180
第三十六章	181
第三十七章	183
德 经	**186**
第三十八章	186
第三十九章	190
第四十章	192
第四十一章	194
第四十二章	197
第四十三章	200
第四十四章	202
第四十五章	203
第四十六章	206
第四十七章	208
第四十八章	211
第四十九章	213
第五十章	214

第五十一章	217
第五十二章	219
第五十三章	221
第五十四章	223
第五十五章	225
第五十六章	227
第五十七章	229
第五十八章	231
第五十九章	235
第六十章	237
第六十一章	239
第六十二章	241
第六十三章	243
第六十四章	245
第六十五章	248
第六十六章	250
第六十七章	252
第六十八章	257
第六十九章	258
第七十章	260
第七十一章	262
第七十二章	264
第七十三章	266
第七十四章	269
第七十五章	271

第七十六章 …………………………………… 273

第七十七章 …………………………………… 275

第七十八章 …………………………………… 278

第七十九章 …………………………………… 280

第八十章 ……………………………………… 282

第八十一章 …………………………………… 284

参考书目 ……………………………………… 288

上・篇

第一章　老子其人

老子是中国历史上伟大的哲人，是中国思想文化之元祖。他的思想不仅影响了先秦诸子百家，而且也影响了世世代代的中华儿女。我们经常说的"道法自然""上善若水""见素抱朴""祸，福之所倚；福，祸之所伏""天网恢恢，疏而不失"等等，都是老子的名言。习近平主席经常引用的一句外交辞令，"合抱之木，生于毫末；九层之台，起于累土"。也出自老子；下围棋、写书法的人都知道"知白守黑"，这也是老子告诉我们的；还有"治大国若烹小鲜"等等，这些思想的原创者，都是老子。所以曾国藩颇有感触地说："一日不读老庄，身上就充满酸臭之气。"曾国藩之所以能成为晚清"中兴第一名臣"，与其深厚的国学功底是分不开的。

说起来，老子是一个很神秘的人物，历史上对他的事迹记录不多。太史公司马迁在《史记》中记载说："老子者，楚苦县厉乡曲仁里人也，姓李氏，名耳，字聃，周守藏室之史也。"出生地知道了，姓甚名谁知道了，官职也知道了。这个守藏室之史相当于我们现在的国家档案馆或图书馆的馆长。这份工作显然为老子研究学问带来了方便。"姓李氏"说明老子的姓族名号为李，具体是哪个分支的就不太清楚了，也可能是老氏这个分支。如姜子牙，姜姓，吕氏，名尚，字子牙，因其先祖辅佐大禹平水土有功被封于吕，故以吕为氏，也称吕尚。"子"本来是周朝的一级爵位，也用来表示对天子所属公卿的尊称，到春秋时期，礼崩乐坏，"子"的用途扩大，多被人们用来对有学问男子的尊称，如孔子，孟子等。还有一种说法：据传说，老子母亲因吃了一个李子而怀孕八十一载才生下老子，因他生下来耳朵比较大，父母为图吉利，所以起名李耳，字聃；而之所以叫老子是因为刚一出生就须发皆白，根据这一特征，老子便成了他的外号。

关于老子的生卒年月，史料未详细记载。大约生于周灵王元年，也就是公元前571年。关于老子出生怪诞的说法当然不可信，但老子确实太神秘了，怎么来的不知道，怎么死的也不知道。

《史记》中还说："老子修道德，其学以自隐无名为务。居周久之，见周之衰，乃遂去。至关，关令尹喜曰：'子将隐矣，强为我著书。'于是老子乃著书上下篇，言道德之意五千余言而去，莫知其所终。"西汉刘向在《列仙传》对老子西行的故事，记载得很有传奇色彩。说是有一天函谷关的关令尹喜望见有一团紫气从东方飘过来，认为是有圣人驾到的吉祥征兆。不久，果然一位鹤发童颜的老者骑着一头青牛来到了关前。"紫气东来"这句成语就出典于此。老子临出关前，他的粉丝关令尹喜请求留一些东西，于是，他著书五千言。这就是关于《道德经》成书的传说。

大家知道，老子是道家学派的创始人。林语堂先生说过："道家及儒家是中国人灵魂的两面"。实际上这个道家，它的全称叫道德家。为什么？就因为老子的这本书叫《道德经》。不过"道德"这个词，和我们今天讲的道德，是完全不同的。我们今天讲的道德，是一个伦理学的概念，比如这个人道德品行怎么样。而老子的这个道德，是纯粹的哲学概念。《道德经》原名叫《五千言》，后被称为《老子》或《老子五千文》。而《道德经》这个书名，据说是西汉初年著名学者河上公追加的，并为全书分了章。《道德经》共81章，分上下篇，前三十七章为《道经》、三十八章至八十一章为《德经》。《道德经》是韵文哲理诗体，读起来朗朗上口。《道德经》作为"万经之王"，对传统哲学、科学、政治、宗教都产生了深远的影响，在中国思想史上有着不可替代的地位，是我国第一部百科全书。尼采说："老子思想的集大成《道德经》，像一个永不枯竭的井泉，满载宝藏，放下汲桶，唾手可得。"《道德经》是除《圣经》以外被译成外国文字发行量最多的文化名著。《道德经》详细阐述了道家的宇宙观和方法论，因此，老子哲学同古希腊哲学一起构成了人类哲学的两个源头，老子也因为他那深邃的哲学思想被尊认为"中国哲学之父"。老子的思想被庄子继承，还和儒家以及后来的佛家思想一起构成了中国传统思想文化的内核。

老子离开中原之后到哪儿去了呢？《史记》没有记载，据猜测，很可能是到了秦国。秦国是春秋诸国中后起的一个大国，那时刚刚兴盛，国君励精图治，老子在那里大约呆了二十多年。在西安终南山至今还保存着老子讲经、传道的楼观台，在楼观台西五华里处还有老子墓。北魏郦道元《水经注》记载："就水出南山就谷，北经大陵西,世谓老子墓。"

《庄子》中还有一个记载,说老子死的时候,有一个人去吊丧,出来之后对别人说:"老者哭之,如哭其子;少者哭之,如哭其母。"

司马迁在《史记》中还估计了老子的岁数,说他活了160岁,又说活了200岁。他认为老子长寿的原因是"以其修道而养寿也"。这位太史公还说,在孔子去世129年以后,周朝的太史儋这个人可能是老子,但是也可能不是;还说道家的另一位代表人物——老莱子可能是老子。他自己也感到非常迷惑,最后他很无奈地感叹道:"老子,隐君子也。"

儒家的典籍《礼记·曾子问》记载了孔子四次向老子求学问礼的故事。第一次是孔子17岁的时候,问礼的地点在鲁国的巷党;第二次是孔子34岁的时候,地点在周都洛邑;第三次是一个叫沛的地方;第四次在苦县。对于第二次问礼,《史记》中有一段记载:公元前521年春,孔子得知他的学生南宫敬叔奉鲁国国君之命,要前往周朝京都洛邑去朝拜天子,觉得这是个向周朝守藏史老子请教"礼制"的好机会,于是征得鲁昭公同意后,与南宫敬叔同行去了洛邑。到达京都的第二天,孔子便徒步前往守藏史府拜见老子。据推测老子比孔子大二十岁左右。

"孔子适周,将问礼于老子。老子曰:'子所言者,其人与骨皆已朽矣,独其言在耳。且君子得其时则驾,不得其时则蓬累而行。吾闻之,良贾深藏若虚,君子盛德,容貌若愚。去子之骄气与多欲,态色与淫志,是皆无益于子之身。吾所以告子,若是而已。'"

这段话大意是，老子对孔子说：你要问的这个东西，连说话人的骨头都已经烂了。只是他的话还在就是了。那么一个真正的君子，时运来了就采取行动。"得其时"是说时运到了，"驾"就是采取行动。假设时运不济，没有人用你，就把铺盖卷顶在头上，两个手扶着回去吧。诸位看这句话说得多好，不得其时就卷铺盖卷儿走人。

老子又进一步阐述他的思想，说我曾经听说过，一个真正会做生意的商人，是不显山不露水的，他把自己的东西都深深地藏起来，好像什么东西也没有。因为只有暴发户才喜欢摆阔，真正有钱的人是不屑于跟别人攀比的。同样，真正的君子，他的德行非常之高，然而却不会随便炫耀自己的学问。他是怎么样的呢？就是外表好像淳朴迟钝的样子。老子认为孔子动不动就谈礼，虽然显得好学，可也有卖弄学问的嫌疑。所以，老子说，你必须把骄傲的神色先去掉，把多欲的心志也改掉，不要摆出一副很有学问的样子。刚刚明白了一些道理，便露出骄傲的神色，趾高气扬得不得了，这些对你自身是毫无益处的。最后，老子说，我所能告诉你的仅此而已。

孔子回去之后跟弟子描述拜见老子的情形说："鸟，吾知其能飞；鱼，吾知其能游；兽，吾知其能走。走者可以为罔，游者可以为纶，飞者可以为矰。至于龙，吾不能知其乘风云而上天。吾今日见老子，其犹龙邪！"意思是，鸟，我知道它会在天上飞；鱼，我知道它会在水里游；兽，我知道它会在地上跑。地上的走兽可以用罗网罩住它，天上的飞禽可以用弓箭射杀它，水里的游鱼可以拿钓钩钓住它。只有一种东西是人类没办法对付的，这就是龙。我所见的老子就像龙一样。

第二章　老子思想产生的渊源

任何思想的产生都不是凭空而来的,都有一定的渊源,老子的道家思想也不例外。下面从社会、思想、职业三个方面来分析一下。

一、社会渊源

公元前770年平王东迁,东周进入了一个大动荡时期。齐晋两国先后称霸诸夏,秦霸西戎,楚霸诸蛮。仅春秋242年中,军事行动就有483次。因此,孟子说:"春秋无义战","争城以战,杀人盈城;争地以战,杀人盈野。"各诸侯国内部,也是争斗不休。史称:"春秋之中,弑君三十六,亡国五十二,诸侯奔走不得保其社稷者不可胜数。"当时的社会状况是"礼崩乐坏",世风日下,兵荒马乱,生灵涂炭。统治阶级的贪婪腐败与称王称霸是造成社会动乱的总根源。正是在这样的时代背景下,一大批有识之士以拯民于水火、救民于涂炭为己任,研究救亡图存的策略和世界存在的基础,以期重新找到一个人类社会的指导性原则。孔子在古圣先贤的历史积淀中找到了答案——"克己复礼，天下归仁。"而老子从天道中得到了启发，"天地无人推而自行，日月无人燃而自明，星辰无人列而自序，禽兽无人造而自生，此乃自然为之也，何劳人为乎？"老子认为，人为建立起来的制度规范是不可靠的，人类应该借鉴充满生机和活力的天道法则。因为它是真实的、自发运转的，同时内部势力又是相互制衡的。于是就提出"道"的学说。提倡借鉴天道的机制来恢复秩序，治理国家，以达到救亡图存的目的。

齐威王时在临淄城创办了一个稷下学宫，到齐宣王时将天下英才都网罗于此，开展论辩，主持人就是儒家的另一位代表人物——荀子。百家争鸣就发端于此，这一论辩对先秦思想文化的形成产生了重大影响，仿佛一夜之间由婴儿长成大人。

各诸侯国也都有自己的文化传统，如齐鲁文化、楚文化、良渚文化、巴蜀文化等等。不同的文化传统就会派生出不同的思想流派。

春秋战国时代，是世界文明的"轴心时代"。德国哲学家雅斯贝尔斯在1949年出版的《历史的起源与目标》中，首次提出"轴心时代"的概念，即：公元前800至公元前200年之间，尤其是公元前600至前300年之间，是人类文明的"轴心时代"。"轴心时代"发生的地区大概是在北纬30度上下，北纬25度至35度区间。这段时期是人类文明的重大突破期。在轴心时代里，各个文明区域都出现了伟大的精神导师——古希腊有苏格拉底、柏拉图、亚里士多德（伦理哲学），以色列有犹太教的先知们（提出上帝的观念），古印度有释迦牟尼（提出涅槃观念），中国有孔子、老子等。他们提出的思想原则塑造了不同的文化传统，也一直影响着人类的生活。

二、思想渊源

《易经》作为中华文化之根，对诸子百家思想的形成都产生了重大影响。儒家孔子继承了《周易》乾卦的精神："天行健，君子以自强不息"。老子继承了《归藏易》坤卦的精神："厚德载物"，尚阴守拙，以柔克刚。《易经》主要论述天道、地道、人道，而老子也讲"三道"，并且讲得更具体、更深刻。"道"就是无极，"一"为太极，老子根据《易经》阴阳消长理论，推演出事物循环往复的发展规律。老子的名言"祸，福之所倚；福，祸之所伏"，就源于谦卦和否卦。老子的清虚、卑弱思想与谦卦精神非常一致。可能《尚书》对老子思想的形成也有一定影响，如《大禹谟》"满招损，谦受益，时乃天道"等。

三、职业渊源

老子的职业是周守藏室之史。班固在《汉书·艺文志·诸子略》说，"道家者流，盖出于史官。历记成败、存亡、祸福、古今之道。然后知秉要执本，清虚以自守，卑弱以自持，君人南面之术也。"意思是，道家这个流派，大概出于古代的史官。他们连续记载成功失败、生存灭亡、灾祸幸福、古今的道理。然后知道秉持要点、把握根本,守着清静无为,保持谦虚柔弱的态度;这就是国君治理国家的方法。守藏室是掌管周朝上古以来档案和典籍的地方。老子作为史官,机会难得,于是他如饥似渴,博览泛观,天文、地理、典章、历史无所不学,《诗》《书》《易》《礼》《乐》无所不览。老子通过博览群书,观察天地万物,总结历史教训,可谓上知天文,下知地理,中知世道,为其思想的形成奠定了基础。老子通过对各种思想流派的比较分析,认为先秦道家思想值得推崇,所以他成为了道家学派的集大成者。

第三章　老子思想精髓

一、老子的宇宙观

在我国古代，天命论是大多数人的宇宙观。天命思想的产生，是人们受到自然力量和社会力量双重压迫，误以为自己的命运由一种超社会的力量支配着。因此无论是国家的政治生活，还是民间的社会活动，都要求巫问卜，祈告于天。老子反对天命论的宇宙观，提出了一个以"道"为宇宙本原的新的宇宙观。把人格化了的天，还原到自然之天的本来面目。他认为："天地不仁，以万物为刍狗"（第5章）。意思是，天是没有意志的，对万物没有偏爱和憎恶之心，不会刻意去帮助谁，也不会刻意去伤害谁，一视同仁，绝对平等，任凭万物自然生灭。

那么，什么是"道"呢？"道"的原始含义指道路、坦途，从"行"从"人"。就字形而言，"道"是一个人站在十字路口的情形。《说文》中将"道"解释为："道，所行道也"，引申为道理、规律、规则。人有人道，天有天道，寒来暑往，秋收冬藏，宇宙万物各行其道。老子之所以把"道"作为自己最高哲学范畴，是因为道具有必然性、强制性的特点。人类出行必顺道而行，否则就会误入歧途。比如，我们从北京到新疆，如果不走G7高速公路的话，误打误撞，那么就会消失在茫茫沙海中。在老子之前，人们对生成万物的根源只推论到天，至于天还有没有根源，并没有触及到。到了老子，开始推求天的来源，提出了"道"。韩非子说，"道者，万物之所然也，万理之所稽也。理者，成物之文也；道者，万物之所以成也。故曰：道，理之者也。"意思是说所谓道，它是万物所以如此的原因，是各种事理的总合。理是成就事物的条理、具体规律；道是万物所以成为如此的总根据、普遍规律。所以说，道是条理事物的总规律。

老子所著的《道德经》，以道为核心，构建了一套超越天地、独特而完整的"道生万物"的宇宙观。

春秋战国时代，百家争鸣，百花齐放，是中国学术思想的黄金时代。但各家所讨论的问题，大都集中在人生修养和政治方面，很少涉及宇宙问题。而老子重点探讨宇宙问题，"明天道以喻人事"。因此，老子思想比孔子思想及其他各家思想，显得更为深刻。老子提出的宇宙观，是他对人类社会最伟大的贡献。老子的宇宙观，大致可分为宇宙的本原、宇宙的生成、宇宙的运动三个方面。

1.宇宙的本原

"道生万物"的宇宙生成说是老子哲学的基础，而宇宙的本原论，则是宇宙观的中心。整个老子哲学，可以说完全包含在这个本原论里面。把握住这一点，老子思想就比较容易理解了。老子在第一章开门见山提出："道，可道也，非恒道也"。现在通行的解释是，"道这个东西啊，可以说出来的道就不是永恒不变的真正的大道了。"这样解释对我们没有任何启发，等于没解释。唐代白居易看到这句话也迷糊了。于是，写了一首诗：

言者不如知者默，

此语吾闻于老君；

若道老君是知者，

缘何自著五千文？

这难道不是对老子极大的讽刺吗？明明说"道"是不能言说的，你还在那里说什么。

我认为，道和名是在唯物主义宇宙观基础上的认识论。"道"通"导"，是指导和遵循之义。唐玄宗说："用可于物，故云可道；名生于用，故云可名。"明太祖说："上至天子，下至臣庶，若有志于行道者，当行过常人，所行之道，即非常道。"清世祖说："上道字，乃制行之道；可道，行之也。"唐、明、清三宗一致将"道"注为"导"，我认为是正确的。这句话是说，宇宙的真理是可以体悟和遵循的，所以"道可道也"，但人们对宇宙的认识是有局限的，是阶段性的，每一阶段性的认识成果只是道的外延，绝对不是宇宙的真相，或者说绝对不是事物的最初的本源，所以也就"非恒道"了。

本原，哲学上指一切事物的最初根源或世界的最根本实体。关于宇宙的本原，西方的哲人往往用水、火、风、数、原子等来说明，但这些太具体、太实在了，往往不能涵盖万物，贯穿所有的问题。老子有无上的智慧,洞察到了宇宙真相,当然不会用西方人用过的浅显的东西作为宇宙的本原。他认为,宇宙的本原是"道"。老子说:"有物昆成,先天地生。萧(寂)呵,漻(寥)呵,独立而不垓,可以为天地母。吾未知其名也,字之曰道。"有一个东西混然而成,在天地形成以前就已经存在了。听不到它的声音,也看不见它的形体,寂静而空虚,不依靠任何外力而独立长存,永不停息,循环运行而永不衰竭,可以作为万物的根本。我不知道它的名字,所以勉强把它叫作"道"吧。又说:"道冲,而用之又弗盈也。渊呵,始万物之宗……吾不知谁之子,象帝之先。"(第四章)还说:"浴神不死,是谓玄牝。玄牝之门,是谓天地根。绵绵若存,用之不堇。"(第六章)"无,名万物之始;有,名万物之母。"(第一章)"天下万物生于有,有生于无。"(第四十章)所谓"浴神""无、有""天地根""万物之宗",等等,都是一个意思,就是老子所发现的"道"。道是宇宙的本原,是天地万物和人类的总根,这是老子的伟大发现。

我们从科学的角度来探讨一下老子的"道"。看一个图:

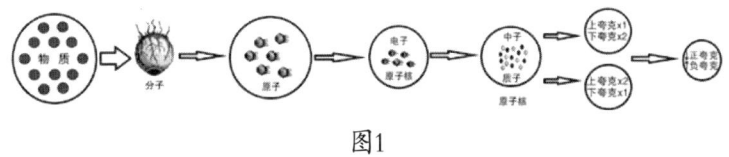

图1

大家知道,我们生活在一个由物质构成的世界,宇宙万物——包括我们人类在内都是由物质构成的,而物质是由分子构成,分子又由原子构成,原子包括原子核和核外电子,原子由质子和中子构成,质子和中子细分下去是夸克。夸克分上夸克和下夸克,当上夸克遇到下夸克时就湮灭了,湮灭之后在宇宙中留下了能量。现代科学研究证明,物质与能量是可以转化的。量子力学的"波粒二象性"已经证明了这一点,就是微观粒子有时显示出波动性(这时粒子性不显著),有时又显示出粒子性(这时波动性不显著),在不同条件下分别表现为波动和粒子的性质。宇宙大爆炸理论,就是能量变物质,也就是从无到有。为了研究这个问题,2008年9月10日欧洲投资100亿美元建造了一座大型强子对撞机,是世界上最大的粒子加速器,建于瑞士和法国交界处的侏罗山地下100米,总长27公里,是一个环形隧道。用于研究宇宙起源和物质何以具有质量的奥秘。有来自20多个成员国的3000多名工作人员,每年还有来自100多个国家和地区的1万多名合作科学家及访问学者。那里汇集了全球粒子物理研究领域的高端人才,每年产生1000多篇博士论文。强子对撞机最高速度接近光速,每秒30万公里,数万粒子可以高速流过隧道。人类花费如此高昂的代价,就是要用最先进的技术,弄清物理学前沿的疑问。(1)宇宙是否真的产生于大爆炸?(2)质量是否真的来源于能量?(3)无中生有是否是物理学的普遍定律?

然而,老子却在2500年前就说了,有一样东西,在天地之前一下子就出现了。它虽然无形无象,却生成了宇宙万物。

这是从科学的角度作了分析。

再看一个现实生活中的例子:

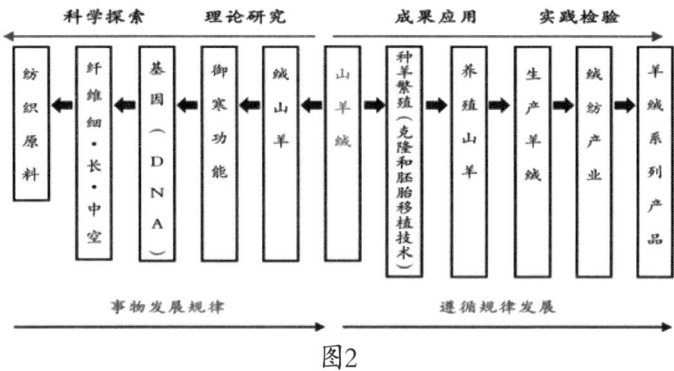

图2

人都有好奇心,当你看到一样东西,都会追根问底。

以羊绒为例。当你手里拿着一撮羊绒的时候,首先你会产生两个想法:哪里来的?能干什么?那我们先回答第一个问题:经过研究发现,羊绒是绒山羊身上长的。那我们继续问下去。绒山羊是哪里来的?母羊生。怎么生的?是受精卵在母羊的子宫里发育成熟的。一直追问下去,就是卵细胞,DNA(遗传密码)等等。我们再回答第二个问题,羊绒能干什么?这就要了解羊绒的特性,山羊为什么长绒?为了御寒。为什么能御寒?纤维又细又长,而且中间是空的。这就要问了,可不可以做纺织原料?实验结果,羊绒可以做纺织原料。好了,通过研究我们得到了两大成果,即山羊繁殖和羊绒纺织。姑且我们将它叫作理论成果或科研成果,正常情况下获得了科研成果之后,是不是马上会想到成果应用转化?于是就延伸出两大产业。一是种羊繁殖,胚胎移植、体细胞克隆、母羊扩繁;二是绒纺产业,通过洗、梳、纺、织,最后形成羊绒产业。

同样的道理,英国伟大的物理学家、天文学家、数学家牛顿见到树上的苹果落地而引起深思,他的结论是,物体都互相吸引,地球上所有物质对苹果的吸引力的合力是向着地心的,因此苹果才向着地心落下。牛顿进一步把物体相互吸引的问题推广到宇宙间,于是发现了万有引力定律。

根据这个例子我们总结一下,羊绒是可感知的事物,在追本溯源的过程中的每一点在未认知之前都是"无",比如在尚未命名前的"绒山羊、母羊、卵细胞、DNA"都属于"无"的范畴。"无"的目标通向"道",因此,"道"是最后的"无",是宇宙万物最后的本原,也是佛家的因。对这些"无"一旦被认知,并起了名,这就成了"有"。所以,在应用和实践理论成果和科研成果这条线上的每一点都叫"有",目标通向"德",也是佛家的果。以可感知的事物为中心分别向两头延伸,一头通向"道",另一头通向"德"。因此"道"是无止境的。

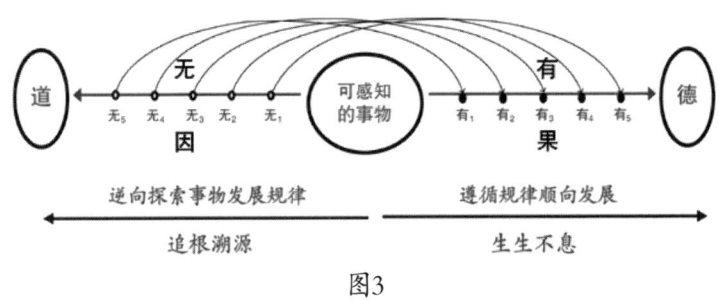

图3

如图3所示,"道"是绝对真理,即万物的本源,也可以说是人们探索事物本源所形成的轨迹。从一定意义上讲,老子发现的

"道",就是基督教信奉的上帝、伊斯兰教信奉的真主、就是《易经》中所说的无极和佛教信奉的"空",具体到人就是释迦牟尼所证得的真如本性,儒家所说的"性"或"良知"。"道"也可以认为是宇宙游戏的程序,宇宙运行、演化好比游戏,所有的规则都是由程序决定的。所以爱因斯坦说:"一切都是安排好的"。牛顿也说,宇宙之间的天体运转为何那么精密,就像有人特意安排的一样。

德:得也。是对经过探索得到事物发展规律的具体应用。比如,人类发现了煤,就用它做燃料,做化工原料生产甲醇,一直向下游延伸,可以生产出丙纶、氨纶等等。

无:事物生发的根本依据或因子。是人为追本溯源的轨迹点在尚未命名前的概念。

有:事物生发的物质因素。是对探索"道"的轨迹点命名后的概念,可以利用"有"为人类服务,其实"有"和"无"是一个东西,它的特点是生生不息。"有,名万物之母也。"而"母"这个概念相对于"始"来说,是落实到了实有的层次,是将"有"定义为生发万物的原始的母本。

老子没有明确给"道"下定义,他说:"道恒无名——道隐无名——吾不知其名"。

那么"道"有哪些特征特性?

(1)普遍性。道是万物的本原,道创生了万物,而且养育万物,道对万物"生之畜之"。道是普遍存在的,"道,泛呵,其可左右也",道像泛滥的江河,到处流淌,上下左右,四面八方,都有道的存在;它还可以主宰万物。道无时不在,"自古及今,其名不去",道是永恒存在的。道的普遍性决定了它的巨大的包容性和蕴含性。正像庄子说的那样：道无所不在。在蝼蚁中，在杂草中，在瓦块中，在屎尿中。那么，道和我们人类有什么关系呢？我们整个生命存活都是需要"道"的养育，天地父母，为我们源源不断提供光、热、水、空气、土地等等。大家好好去体会："道"无边无际，它包容一切，统摄一切，贯穿一切，一切事物统一于道。所以，《中庸》上讲"道也者，不可须臾离也，可离非道也。"

（2）无私性。道利生不争，无欲无私。"万物昔而弗始也，为而弗志也，成功而弗居也。夫唯弗居，是以弗去。"（第二章）做事顺道应德，不强加个人意志，成功了不居功自傲。这话说起来容易，做起来难。道利益一切众生，生生不息地化育、长养万物，但是不会认为自己很行、很厉害。所以"为而不恃、长而不宰，是谓玄德。"一个人如果真正体悟到了"道"，真正明白了万事万物的运作规律，那么心灵品质就会提升到一个新的境界。《道德经》第八十一章"圣人无积，既以为人，己愈有；既以予人，己愈多。故天之道，利而不害；人之道，为而弗争。"圣人是不存占有之心的，而是尽力照顾别人，他自己也更为充足；他尽力给予别人，自己反而更丰富。自然规律也是一样，让万事万物都得到好处，而不伤害它们。圣人的行为准则是，做什么事都不跟别人争夺。

（3）公平性。"天地不仁，以万物为刍狗"，道没有分别心，对万物一视同仁，像阳光一样既照好人，也照坏人，普照大地。"天之道，其犹张弓与？高者抑之，下者举之；有余者损之，不足者补之。天之道，损有余而补不足。人之道则不然，损不足以奉有余。孰能有余以奉天下?唯有道者。是以圣人为而不恃,功成而不处,其不欲见贤。"(第七十七章)大概意思是:道就像人们张弓射箭一样,抬得高了就压低一点,低了就举高一点;拉得太满就放松点,太松了就再拉紧点。道总是减少多余的而补充不足的。但人类社会却截然不同,是减损原本就贫穷的来供奉有富余的。那么,谁又能有足够东西的来奉献给天下呢?只有得道之人。因此,圣人总是顺应自然而不恃才傲物,功成名就而不养尊处优,从不希望别人称自己为圣贤。这也就是地球生态平衡理论,一物降一物。

2.宇宙的生成

宇宙的生成,即宇宙的起源。道是宇宙的本原,这本原指的是道的"体",至于道如何创生万物,以及万物被创生后的变化,则是指道的"用"。体认了道体之后,对于道用的创生万物,还需要作个了解,才能深明老子思想的基础。

(1)生成过程。老子说:"道生一,一生二,二生三,三生万物。"道的本体是"无","道生一",就是"无"生"有","一"应该是"有"。"有"并非生成具体的事物。"天下万物生于有,有生于无。""无,名天地之始;有,名万物之母。""有",是道在恍惚混沌状态,已变而尚未成具体事物之际的名称。道从"无状之状,无物之象"经过"有"这个阶段,然后才能生出宇宙万物。"一"即是"有",那么,"一"当然也非具体的事物。战国时期,齐国稷下道家用"精气"来说明道,把虚而无形的道看作是流布于天地之间、遍存于万物内部的"精气"。说:"凡道,无根无茎,无叶无荣。万物以生，万物以成，命之曰道。……精也者，气之精者也。气道乃生"（《管子·内业》）。其实老子所主张的是一元论，唯心、唯物是人们认识宇宙过程中的产物，宇宙的最高真理是一，不是二。汉王充《论衡·自然》："天地合气，万物自生。"宋张载《正蒙·乾称下》："凡象，皆气也。"王夫之注："使之各成其象者，皆气所聚也。"世界上的一切都是由"气"构成的。庄子："通天下一气耳。"气是一种极其精微的原始物质，是构成包括人在内的天地万物最基本元素，是世界的本原。"气"有两种存在状态，一种是无形的，它以弥漫的、多变的状态存在充塞于宇宙间，其中蕴含着生成万物的因子或者叫暗物质、暗能量。另一种是有形的，就是我们肉眼可以看到的气体。庄子说"人之生，气之聚也；聚则为生，散则为死"。中医学认为"气聚则形成，气散则形亡"。天地之气动而不息，动是气的根本属性，而运动变化的根源则来自于"气"本身固有两个方面的力量，这就是阴和阳。阳气和阴气，是相互渗透，相互作用，对立统一的。正是在阴阳二气的相互激荡下，才使宇宙万物不断地生成发展、运动变化。如果说"道生一"，那么"一"就是"气"。"道生一"，即生"气"。这个"气"，是阴阳未分之前的"一气"。"二"，是阴阳二气。"三"，是指阴阳二气交合之后而生成的和气，即五行：金木水火土。"道生一，一生二，二生三，三生万物"，就是说道由混沌状态演化而成中和一气，由中和一气演化而成阴阳二气，再由阴阳二气交合而生成万物，就像《周易》的六十四卦。宇宙的生成过程，可简化为：道（无）→一（有）→二（阴阳）→三（阴阳交合而生）→万物。这就是老子发现的宇宙生成的过程。道在创生万物之后，即与万物同体，内存于万物之中，衣养抚育着万物。不过，内在于万物之中的"道"，不叫"道"而叫"德"。"道"是"德"的本体，"德"是"道"的作用。"道"与"德"只有体与用的分别，没有本质上的差异。这样一来，达尔文的进化论还需要仔细推敲。宇宙起源、物种起源、人类起源至今还是迷。用老子的学说可以解释一切起源。道是万物生发的基因信息库，这些基因信息叫引力波也好，叫暗物质也罢，总归是客观存在。随着科技的进步，我想这个谜团总有一天会解开。在条件不具备的情况下，基因信息处于一种中和状态。当客观条件一旦具备，根据生物链的需要，一种生物就应运而生。比如，不管是夏天还是冬天，当你家的水果坏了，果蝇马上就出现了。当草原上的粪便多了，屎壳郎就来了。再比如凡是有水的地方，不管是沙漠里，还是高山上，水生植物、水生动物自然会出现。

（2）生成原则。道创生万物所遵循两大原则，一是自然法则。道具有生生之德，它化生万物完全是自然而然的过程。"人法地，地法天，天法道，道法自然。"（第二十五章）。"道生之而德畜之，物形之而器成之。是以万物尊道而贵德。"（第五十一章）。尽管道生成万物，衣养万物，但不主宰、不占有。老子说："道，泛呵，其可左右也，成功遂事而弗名有也。万物归焉而弗为主。"（第三十四章）因此，"自然"二字，便是道创生宇宙万物的根本原则。二是一物降一物的生态平衡原则。万物之间都有一种内在联系，相互依存，相互制约，看似纷繁复杂，却有一种制衡机制在起作用。

3.宇宙的运动

道作为万物的本质和规律,决定万物的运动变化。根据"反者道之动"的宇宙法则,事物向相反的方向运动。同时,事物的运动发展总要返回到原来初始的状态。"道曰大,大曰逝,逝曰远,远曰反。"(第二十五章)。老子说"天物芸芸,各复归其根,归根曰静,静曰复命。复命曰常,知常曰明。"(第十六章)宇宙万物由道所创生,最后还要返回它们的本原——道。正因为大道周流不息,循环往复,回用不已,才能成就绵延不尽的生命,才能成为万物依循的常规。道的本体虚无寂静,万物出而生动,入而寂静。所以,万物归根,就是归于寂静。这种归根复命的活动,正是道体运行的规律,也正是宇宙万物共同遵守的法则。大自然的春夏秋冬,年复一年,就是最好的循环往复的证明。

老子的哲学是"智者的低语""滋润心灵的甘泉"。自古以来,一般人教育孩子都是要争强、好胜、有为、出众、聪明;没有教孩子柔弱、卑下、无为、退让、愚鲁的。而老子的观点恰恰与我们相反。老子在论述"反者道之动"的同时又提出了"正言若反"的思维方法,更加丰富了其辩证思维的内容。道及其反向运转的规律,决定了反向思维法在老子道论中的重要地位。可以说"正言若反"是老子语言观中最有特色、最有价值的一点。"正言若反",用钱钟书先生的话说就是"合道而反俗"。如第六十五章"玄德,深矣远矣,与物反矣,然后乃至大顺。"第7章"以其不自生故能长生。……非以其无私耶,故能成其私。""自生"正也,"不自生"反也,故"长生"得正也。"私"正也,"无私"反也,"故成其私",得正也。老子站在人类哲学的至高点上，针对当时社会积弊，运用反向思维，提出了一系列重要论断。如"柔弱胜刚强"，"大国者下流，天下之交"，"天下之牝，牝常以静胜牡，以静为下"（第六十一章），"其正闷闷，其民屯屯。其正察察，其邦夬夬；……圣人方而不割，廉而不刿，直而不肆，光而不耀"（第五十八章），等等。他依据相反相成的事物发展规律，对旧理念进行一种逆向梳理，彻底颠覆了常规思维中形成的一系列世俗理念，诸如争强好胜，相互攀比，装腔作势，嫉贤妒能等等，创造了道学思想体系的无限拓展空间。宇宙万物无一不是相反对立的，因而老子特别重视负面的、反面的价值。比如，"工业革命"，在给人们带来极大方便的同时，也造成了深重的环境灾难。他说："曲则全，枉则正，洼则盈，敝则新。（第二十二章）"曲、枉、洼、敝等，是人人都不情愿的，但老子认为全、正、盈、新等就在其中，只是这个道理一般人不知道罢了。"正复为奇，善复为妖。""祸，福之所倚；福，祸之所伏。（第五十八章）"其中道理，亦复如是。在他看来一切自然、社会和人世中的事物都是相互对立而又相互依存的，矛盾是客观存在的普遍现象。诸如大小、多少、轻重、静躁、黑白、美丑、善恶、贵贱、贫富等等，莫不是相反相成、矛盾对立、相互依存、相互转化的。

综上所述，我认为，老子的宇宙观是朴素唯物主义的宇宙观，是自然共产主义的宇宙观。

二、老子的认识论

　　老子建立了中国古代第一个完整的认识论体系。老子的认识论是建立在以"道"为核心范畴的宇宙论的基础之上的，在宇宙论中，"道"是天地万物的本原和根据；在认识论中，"道"成为认识的终极对象和归宿。老子认识论的丰富思想，都是围绕着"道"这一轴心展开的。《道德经》开宗明义，用"道，可道也，非恒道也；名，可名也，非恒名也"警示人们在认识事物的过程当中，要透过现象看本质。

　　道和名是在唯物主义宇宙观基础上的认识论。前面已经讲了，这句话是说，宇宙是可以认识的，对万事万物，人们都可以在认识后给它取个名字，如地球、太阳、银河系等，但一旦命名，这个名字与它固有的形象和本质，又必然有一定差距，不能绝对精确地表述其本质，所以也就"非恒名"了。《楞严经》中有一个极为有名的指月之喻，佛陀以手指指月，说这是月亮。听者看着佛陀的手指想，这不是手指嘛，怎么会是月亮？如果听者真的相信佛陀的手指就是月亮，那么他连对手指的认知都没了。所有的佛经都是指月的工具。在现实生活中很多人都像这位听者一样，往往执着于过程中的小目标，看不到也不去追求终极目标。佛陀的手指就像我们今天的地图，你看了一眼地图，难道说你就周游世界了吗？显然不能。

1.名可名非常名

一个名词,它的内涵和外延也在不停的发生变化。我们站在不同的角度,这个名词的内涵是不一样的,如果你纠结于名词本身,你永远都无法掌握内在的实质的东西。名词是方便我们认识世界,认识规律而产生的,我们只有抛开那些表面的名,才能看到里面真正的东西。如"君子"与"小人",在春秋战国时代,君子是指有修养、有身份、有地位、有财富的人;而小人则是没修养、没身份、没地位、没财富的人,与卑鄙(地位卑微,见识浅陋)一样是自谦词。到了宋代却变了,君子指品行高尚的人,小人指品行不端的人,小人与卑鄙都变成了贬义词。

名是相对于实物的假借词,既不真实,也不究竟,是一个表象而已,是为认识某物而设定的名称,而这个名称可以拨动人们的心弦。因为名称是有意义的,人听了之后,会在心湖泛起涟漪。张庆祥讲的例子很有趣,说有两个人想申请信用卡,用他们的真实身份怎么也申请不下来,后来改了一下头衔,继续申请。一个改成环境保护工程部执行长,另一个改为高级营养设计部主任兼采购执行长。结果很快就办下来了。大家猜猜他们的真实身份?其实一个是环卫工人,一个是食堂管理员。你看名的作用有多大! 这就是名迷惑人的地方。名虽离体而无实,但很起作用。为什么?因为当名称投入到你心湖的时候,会产生感觉,那个感觉会撼动你的心弦。这也是老子专门把它拿出来为我们澄清的关键所在。某高校的某个班想在教室添置一个冰箱,结果申请被校方退回。助教一看,把冰箱改为室内温度智能调节器,校方马上批准,一下就买上了。采用这种办法教室添置了不少东西。如零食——高密度能量单位,KTV——音响音波控制系统,游戏机——脑波震荡器,等等。这个例子充分说明,实体没有变,而审核人员的感觉随名而变。所有的名都是暂时的、有局限的,没有一个名能够直指大道精髓。

《庄子·天道》里记述了齐桓公与一个叫轮扁的木匠的对话:齐桓公在堂上读书,轮扁在堂下制作车轮,他放下手中的锤子和凿子,上堂问桓公道:"请问您读的是什么书呢?"桓公说:"是圣人的书。"轮扁又问:"圣人还活着吗?"桓公答:"已经死了。"轮扁说:"那么,您所读的,不过是古人的糟粕罢了!"桓公说:"我在读书,做轮的工匠怎么敢随便议论!能说出道理还可以原谅,若说不出道理,就要处死。"轮扁说:"我是从我从事的工作来看待这个问题的。制作轮孔时,轮孔太大则轴头容易插进去,但不牢固;轮孔太小就滞涩,轴头就很难插进去。要使轮孔不松也不紧,就必须掌握得心应手的技巧,这种技巧,我无法传授给儿子,儿子也无法从我这里继承。所以,我已经七十岁了还在制作车轮。古人和古人难以传授的东西都由于人死而消失了,那么您所读的书,岂不是古人留下的糟粕吗!"

尽管轮扁的话有些偏激,但恰到好处的感觉的确得靠悟性,如果用语言说的话,那就是刚刚好就行了。语言文字在某种意义上,就是名,要准确地表达一种感觉确实很难。这里庄子主要是告诫人们不要死读书,读死书。

佛陀也说过:"凡所有相,皆是虚妄。"佛说事实,既非事实,是名事实!众人认假为真,执妄为常,自寻烦恼。"一切有为法,如梦幻泡影，如露亦如电，应作如是观。"一本探讨无上智慧的佛家般若经典《金刚经》，就是说这件事。这里说的是，所有的名只是一个代号而已，不真实。

2.我们活在意志和表象的世界里

这个题目来自于德国著名哲学家叔本华的书名。这本书二十年前非常流行，特别是对青年大学生们影响很大。叔本华的《意志和表象的世界》能帮助我们看透很多人生和世界的真相，探求人生痛苦的根源。我们认识和理解到的世界，并不是世界本身，而只是一个"作为意志和表象的世界"。我们每个人依据自己的意志和表象，构造了我们自己心中的世界，并活在自己构造的"概念世界"里。

基督教的《圣经·创世纪》就是一个精妙的比喻。在以蛇为代表的"贪欲"的诱惑下，人开始超越自己的自然需要，去追求上帝和老子们早就说过的，不要去碰的所谓"智慧"之果。一旦人们懂得用自己的"认知"和"概念"来理解和"规定"世界的时候，也就是拥有所谓的"智慧"以后，就会认假为真，把这种理解和认知界定，当作世界本身来看，就会因此违背和脱离了真实的世界，当然要添很多烦恼，遭遇很多苦难；所以人类从此"失去了伊甸园"，心灵的乐园不再！

所以，我们并不是被上帝赶出来的，而是自己跑出来的。因为被名相所困，失去了自己的乐园。现在想要回家，却迷失了回归的路！

叔本华和《圣经》的哲学思想，老子早就说过了，《道德经》一、二、三章全讲的这个东西。可是有几个人能真正读懂悟透呢？

老子早就知道人类的这个毛病，反对孤立地用一大堆"名"和"相"来解说和理解世界，认为这样只会离真理越走越远。

"天下皆知美，为美恶已，皆知善，斯不善矣。有无之相，生也；难易之相，成也；长短之相，形也；高下之相，盈也；音声之相，和也；先后之相，随，恒也。"（第二章）

老子告诉我们，天下都把某种喜好当作美，这是很可恶的，甚至是很可怕的。"楚王好细腰，宫中多饿死。"天下皆知道腰细为美，直接导致了多少美女死亡。天下皆知道象牙美丽珍贵，于是大象就毙命了。天下皆知道鱼翅美味，于是鲨鱼就没有鱼鳍了。因为皆知美，为美，人为地造成了多少物种灭绝。环境破坏，已经将人类逼入濒临灭亡的境地。把某种美当作所有美的标准，这样的标准必然让众人痛恨，美就成了恶，成了丑。比如把白当作美的标准，其他颜色美不美，需要与白作比较，如果不白，那么就不美。这样，白成了美丽的标准，白就成了恶，成了丑。西子捧心，对于西施来说就是美的，东施效颦，对于东施来说就是丑的。西施因患心病经常捂着胸口、皱着双眉，娇弱病态竟博得众人青睐。丑女东施也学着西施的样子，手捂胸口，紧皱眉头，在村里走来走去。哪知这丑女的矫揉造作使她样子更难看了。结果，乡间的富人看见丑女的怪模怪样，马上把门紧紧关上；乡间的穷人看见丑女走过来，马上拉着妻子、带着孩子远远地躲开。人们见了这个怪模怪样模仿西施心口疼，在村里走来走去的丑女人，简直像见了瘟神一般。如果以西施为标准那么就不会有后来的玉环、飞燕和昭君了,四大美女就不存在了。西施有西施之美,昭君有昭君之美,环肥燕瘦,瘦也有瘦的美呀,是不是?因此干嘛一定要说杨玉环就美,赵飞燕就一定不美呢?或者我们只说杨玉环和赵飞燕她们两个是美人,天下皆知她们俩就是美,胖就要像杨玉环,瘦就要像赵飞燕,这个世界是不是有点可怕?

还有一层意思是,如果把某种美当作了美的标准,就会忽略了美中之恶,美中之丑,纵容了恶与丑。当初,拥有私家车成了身份地位的象征,当出行拥堵,空气污染之后你怎么看这件事?《大学》说:"好而知其恶,恶而知其美者,天下鲜矣。"能知道美中之恶,恶中之美的人,天下少有。老子想告诉后人的是,不要有分别心,万物各有其美。有美丑就是有分别,有分别就有是非。庄子说,"是非之彰也,道之所以亏也。道之所以亏,爱之所以成。"是非一出,就会让道残缺,道一残缺,偏私之情就会形成。分别,是非,伤害的是道,是自然。所以,《吕氏春秋·去尤》说:"知美之恶,知恶之美,然后能知美恶矣。"庄子《齐物论》说:"天下莫大于秋毫之末,而泰山为小;莫寿于殇子,而彭祖为夭。"天下没有比秋毫之末更大的,而泰山也是微小的;没有比夭折的儿童更长寿的,而活了八百岁的彭祖也是短命的。《秋水》对此做了进一步的解释说:"以差观之,因其所大而大之,则万物莫不大;因其所小而小之,则万物莫不小。知天地之为稊米也,知毫末之为丘山也,则差数睹矣!"从差别来看,从大的方面来看大,天下什么东西都是大的,因为总有更小的存在;从小的方面来看小,万物都是小的,因为总有更大的存在。因此一切大小寿夭等概念完全是相对的,物莫不大莫不小,莫不寿莫不夭，主要看以什么为参照物了。

老子认为"道"是永恒不变的，而现象界的一切事物没有好坏、贵贱、善恶、是非之分，正像垃圾是放错位置的资源一样。在现实生活中，之所以有分别，都是由于人的情感所致。因此所有事物的称谓、概念、价值判断都是在相对的关系中产生，而这种关系又是不断地在变动。老子告诫人们不能活在表象的世界里。

在这里，"美、恶"等概念，就是老子所说的"名"。它们并不是真实恒定的存在，而是只存在于人们的思维和情感判断中，并依据人们思维和情感情绪的角度不同，而有不同的判断结果。同样一件事情你认为是好事，他认为是坏事。所以，不可执着为真实恒定的客观存在。张清一先生认为，"美"和"恶"这种"名"，并不是天地自然的客观存在，也不是互相以对方为自己存在的前提；它们只是存在于"观察者角度"中，存在于人们的思维、语言和情绪中，是人对于某个事物加以"判断"的名词；它们不是事实，只是人类对存在的表达方式，而且同一件事物，可以用不同的方式来表达。这种表达的方式和出发的角度就是"相"，即感受者的某个思维和情感认知角度，也就是哲学和心理学所说的"观察者角度"。老子警告我们：当人们试图对事实本身加以判断和作出定义的时候，同时也意味着我们离开了事实本身，产生了认识上的偏差。因此，老子并不鼓励我们执着这些名相，而要求我们放弃认为它们是"真实存在"的执着，回到事实本身来看问题；同时也不要根据自己的一己成见而妄加作为，局限于自己一时的思维和情感认知层次的行为和努力，只会给自己带来不好的结果，同时给社会造成破坏。将"道"作为意识、认识的对象时，千万要记住概念本身只是人为设定的，是引导我们走进智慧殿堂的方便法门，而意识、认识的最终目标，不是概念本身，而是概念试图指称的真常本体。例如拥有一颗价值连城的钻石，对于猴子来说，不会产生"美"和"恶"的情绪。在它眼里，价值连城的钻石与一颗不值钱的漂亮石头没有什么区别，还比不上一个猕猴桃对它的吸引力大；在猴子的观念里，"猕猴桃"比"钻石"更"美"，更为"喜欢"和"需要"。这就是老子所说的"自然"和"朴"的状态。但是对于人来说，一旦拥有和失去钻石，甚至不是"拥有"只是"想拥有"，没有"失去"只是"怕失去"，都会引起强烈的情绪反应。而且，这种情绪和执着，还会非常现实地影响人们的生活工作甚至生命。"人为财死，鸟为食亡。"我们自己以为是"实实在在"的，真实不虚。但老子告诉我们：拥有钻石的快乐情绪，以及不能拥有钻石所带来的失落情绪，其实都是人类的自我陶醉，自我认知；与天道和自然毫无关系，甚至与钻石本身都没有本质上的联系。是否拥有钻石，只是个人的心理需求，而对生活的本质没有影响。老子说"为腹不为目"，"腹"指人的基本需求，"目"指人的欲望，二者之差天渊之别。其实人的基本需求是很少的。马斯洛理论把需求分成生理需求、安全需求、情感和归属、尊重、自我实现五类，依次由较低层次到较高层次排列。

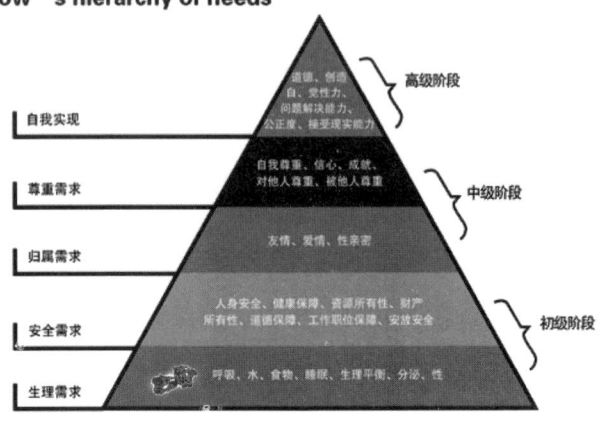

图4

    高低贵贱，各种人为的概念区分，在老子看来，其实都是不值得认真推敲的。任何权位名相，都是不值得留恋的幻影泡沫。可能这就是道家人物何以能超然物外的根本原因吧？所谓的超然物外，其实根本上来说，是要人们别为自己贪执的"心念"发生的错误情感判断所误导，进而影响到自己的身"形"，这就是道家所说的要"不以物累形"，不给自己的心灵和生活增加额外的负担。了解了老子的这种思维模式，我们习以为常的旧观念就会被颠覆，那么人就会活得轻松快乐。

    "有无、难易、高下……"等六个排比句，就是老子采用相同的逻辑思维，对这一思想的进一步阐发。由此可说，道家的思想彻底否定了西方哲学家们长期追求"普适性概念"和"普世价值"的可能性，不承认世界上有"恒定的真理"，而且认为一旦建立了这种

"统一的真理体系"反而是世界的大灾难。道家认为人类的一切概念和思想，都只有在相对的和有限的范围内才有意义。在这里，老子把事实本身，和我们对事实的认识和看法两者区分得很清楚。

老子用"有无之相，生也"这一句话，来说明：有和无这两个名词概念，并不具备客观的永恒意义；之所以用这两个名词来描述事物，是基于"生"的这个观察角度来看事物，而得出相对"有"和"无"的结论，离开了"生灭"这个观察角度，谈"有无"就没有意义了。第一章讲得很清楚了，有、无是异名同谓。再比如"长短之相，形也"，"长"和"短"只是根据事物的"形"来加以判断的时候，才产生出来的概念名词。给你一双38码的鞋，你很难说它长还是短，只有通过脚这个"形"（参照物），才能知道长还是短。

老子告诉我们，以为天经地义的概念名相，其实都是人自己主观创设的，有比较才有鉴别，过分执着这些名相，没有实际意义。可是我们却不认为心中的概念世界是一个虚幻的世界，我们坚持认为这个虚幻世界是"真实"的。

人一旦沉溺于表象的世界，就会执迷不悟，为名所骗，为名所累，贻害无穷。

其实这不难理解：我们"喜欢"住豪宅、坐豪车、穿名牌、吃盛宴，并不是真的需要这些东西本身，而是喜欢它们所代表的各种概念——财富、高贵、品位、身份、地位等等。网上有则文章：一部高档手机，70%的功能都是没用的；一款高档轿车，70%的速度都是多余的；一幢豪华别墅，70%的面积都是空闲的；一堆工作人员，70%是不专心干活的；一座商城70%的人是闲逛的；一大叠报纸，

70%是不用看的。结论：生活要简单明了。

试想一想，这些东西我们真的需要吗？常言道："广厦千间夜眠仅需六尺，家财万贯日食不过三餐。"人能不能活得真实一些？我们真正需要的是什么？这就是老子所说的"复归于无名之朴"的含义，也是"复归于婴儿"的含义；我们自以为比婴儿聪明，其实是被"名"给愚弄了。这就是道家叫"真人"的原因。

我们为什么很忙，很累，身体不好，总是遭遇坎坷和痛苦，因为我们在追求错误的东西，我们被个人有限的认知所困，我们总是想为了自己而做事，如果继续下去，人生就是苦海。

从古到今，因为这些虚幻的概念，演绎了多少"爱恨情仇"，有多少生命和青春，被这些"概念"所消耗、所伤害？又有多少人，为这些名誉、地位、财富辛苦工作，付出一生？但这实际上并没有增加人类的福祉，仅仅是为了满足心中虚妄的概念而已。所以，这个"意志和表象的世界"其实就是地狱，是在实际生活中带给我们各种实实在在痛苦的总根源。

3.认识的途径与方法

2016年8月16日，世界首颗量子科学实验卫星"墨子号"发射升空，于2017年1月18日正式交付使用，这将是我国在世界上首次实现卫星和地面之间的量子通信，构建天地一体化的量子保密通信与科学实验体系。

那么，量子究竟是什么？被称为世纪"幽灵"的量子又有哪些匪夷所思的特性呢？

我们知道，构成物质的最小单元是基本粒子，而量子就是质量、体积、能量等各种物理量不可分割的独立个体单位，而且它也以某种粒子状态存在。比如，我们举手投足间，就是一个呼吸，就有上万亿的量子在移动。

最早，量子是被一个叫普朗克的德国物理学家在1900年提出来的，后来陆陆续续经过许多科学家的努力，其中也包括大名鼎鼎的爱因斯坦，量子科学体系不断完善。

说到量子，它有两个堪称神奇的绝技，就是"分身术"和"远程心灵感应"。别小看这两门功夫，要知道最强悍的量子计算机和最安全的量子通信，关键靠的就是它们。量子的"分身术"也叫量子叠加，就是一个量子可以同时存在好几种状态。

那么"分身术"干嘛用呢？首先一个应用就是帮我们的计算机实现并行计算。它的能力究竟有多强？举个例子，如果我们分解一个300位的大数，用现在的计算机，需要15万年，用量子的"分身术"帮我们并行运算，只要一秒钟就可以算出来。

量子的另一个绝技"远程心灵感应"，学名叫量子纠缠。就是如果两个相似的量子距离足够近，就会发生纠缠，然后你把它们分开无论多远，这两颗量子的状态就好像一对有心灵感应的双胞胎一样，一个开心，另一个也会笑，一个哭了，另一个一定也难过，这个可能是科学中最奇特的现象之一。利用这一绝技发展出的量子隐形传态，可以将物质的未知量子态精确传送到遥远的地点，就像孙悟空的"筋斗云"一样，可以实现从A地到B地的瞬间传输。科普就到此，书归正传。

量子与老子有什么关系呢？不少著名科学家还把自己的科学发现归功于老子《道德经》的启示。笛卡尔曾说过：知识好比是大树，哲学是树根，科学则是树枝。哲学是科学的历史前提和逻辑前提。

先让我们来看看一些伟大科学家的说法：日本物理学家、诺贝尔奖得主汤川秀树非常崇拜老子哲学，他认为："早在二千多年前，老子就已经预见到了今天人类文明的状况，甚至已经预见了未来人类文明将要达到的状况。"

美国物理学家卡普拉在《物理学之道》一书中提到，他认为中国的道家思想在许多方面同现代物理学高能物理现象有着深刻的相似性。他还在《非凡的智能》一书中说："在许多伟大的传统中，中国道家为我们提供了最深刻、最完美的生态智能。"

量子力学的创始人之一，丹麦物理学家尼尔斯·玻尔说，我没有创立什么学科，我只是从老子那里得到一些提示。

由此看来，大科学家都是老子的粉丝。

让我们来看看老子是怎么说的吧："惚兮恍兮，其中有象；恍兮惚兮，其中有物。"（第二十一章）道是思想，道也是最细微的能量。如果将道当成具体的某物的话，它不是现实中的任何物品。在修炼中，有种叫恍惚的状态，这时，你才会看到那些微不可见，隐不可测的事物，眼前既可以看到它有象，还可以看到物体本身，二者交替出现。这期间，你看到的那个虚的象，便是精气，它们是最细微的真实存在，也称为气（能量），而它，才是世间最本源的存在。

老子还告诉我们这个东西有多么重要，"不出户，知天下；不窥

牖，见天道。其出弥远，其知弥少。是以圣人不行而知，不见而明，不为而成。"（第四十七章）

在老子看来，在认识上纯任知识经验是靠不住的。因为这样无法深入到事物的内部，不能认识事物的全体，而且还会扰乱人的心灵。那么，认识事物就要靠内观自省，在自我修持下功夫，从而领悟"天道"，知晓天下万物的变化发展规律。

常言道："秀才不出门，便知天下事。""读万卷书，行万里路"。秀才能知天下事，凭借的是书本知识。圣人不出门，能知天下事，凭借的是他自身的修养功夫，是对心灵感应的破译。人体基因组是宇宙的全息缩影，记载了宇宙万物及人类有史以来的所有信息，是一部活的宇宙百科全书。只要具备了查阅这一天书的功夫，就可以足不出户而遍知天下大事；不窥探窗外，就可以知道日月星辰的运转情况及其规律。所以，秀才所知和圣人所知是无法相比的。《庄子·养生主》："吾生也有涯，而知也无涯，以有涯随无涯，殆已。"意思是，人生是有限的，但知识是无限的（没有边界的），用有限的人生追求无限的知识，是必然失败的。所以，只要破译了基因密码或者掌握量子技术，就能彻悟自然之道、社会之道和人生之道。这也就是"少则得，多则惑"的道理。

看看老子《道德经》第四十八章是怎么说的："为学者日益，闻道者日损。损之又损，以至于无为，无为而无不为。""为学"是指认识事物的普通求知活动，它贵在日积月累，积少成多；"为道"亦称"闻道"，超感觉、超经验，用认识具体事物的方法是不可能获得的，只有把多余的东西排除干净，复归于本性，激发灵感，才能明道。那么怎么才能激发灵感？第十六章"致虚，极也。守静，督也。万物旁作，吾以观其复也。天物芸芸，各复归于其根，曰静。静，是谓复命。复命，常也。知常，明也。不知常，妄；妄作凶。知常容，容乃公，公乃王，王乃天，天乃道，道乃久，没身不殆。"将自己置于专心守静的状态，达到物我两忘的虚无境界。在"万物旁作"中避开虚相的侵扰，体察万物循环往复，回归本性的趋势与历程，从而体悟"道"的奥妙，获取"道"的真谛。老子又说："天下有始，以为天下母。既得其母，以知其子。"（第五十二章）。这就是说，若想取得真知，就要找到天地万物的本源，什么是天地万物的本源呢？老子已经告诉我们，"道"是宇宙的本始，世界的根源，所以，在认识的过程里，唯一的任务是"坐进此道"（第六十二章），只要体悟了"道"这个天地之母，那么，作为"其子"的天地和万物，不必再去认识它，便可了然于胸了。

量子也比作人的灵魂。灵魂，即思想意识。"灵魂"的存在已经毋庸置疑，人无灵魂则如同行尸走肉。21世纪已经不是单纯的唯物论时代或者唯心论时代，人类对物质世界的科学研究已经很透彻了，但是对于灵魂世界，才刚刚开始。量子科学，贵在以科学的态度与方法研究灵魂，以唯物论的求真精神研究所谓唯心论东西！所以说，21世纪将是人类最辉煌的世纪。

三、老子的人生观

人生观是人生价值、目的、意义、道路等观点的总合。内容包括幸福观、生死观、苦乐观、荣辱观等。一般来说，人生观取决于世界观，体现着人生态度，反映着人的是非观念。

在周代以前，是非观念来源于天命论。是与非、正确与错误都要祈天问卜，由神来决断。到了周代，判断是非的标准不再是神灵，由伦理道德取而代之。儒家就是把仁义礼智信这些伦理范畴，作为道德的最高标准，来评判是与非、正确与错误。因此，仁义礼智信便成了儒家"仁爱"人生观的基本内容。

老子既反对以神为本的是非标准，又反对儒家以人为本的"仁爱"人生观。如果说老子的宇宙观体现在"道"上，那么老子的人生观就体现在"德"上。德是道的表现，是指人对道的直接内心反应，并作出的行为表现；就是遵循道的所作所为。德者，得也，得到了"道"。我们通过对事物的追本溯源，探索出了一些规律，光探索不行，还得在行为上把它体现出来，就是"德"。比如我们了解了羊绒的功用，发展了羊绒产业。人类发现了铁的功用，最先应用到兵器上，后来发展了制造业等等，这就叫"德"。我们经常说，这个人没有"德性"，就是说他行为违背了"道"的原则。

从现有的先秦文献来看，"德"字基本被用于政治方面，而且其使用要远早于"道"，也远多于"道"。在《尚书》的《皋陶谟》中具体提出了"九德"："宽而栗，柔而立，愿而恭，乱而敬，扰而毅，直而温，简而廉，刚而塞，强而义。"第38章"上德不得，是以有得。下德不失得，是以无得。""上德"之治，侯王不为有所得，反而能够有所得。"下德"之治，不失去有所得之心反而不能得到"有德"的结果。

为什么说"德"是老子的人生观呢？老子在第十章说："生之畜之，生而弗有，长而弗宰，是谓玄德。"天地造化万物之形，养育万物之体，皆是自自然然，未曾以有心而化生，亦没有以私心而施德，更没有造化万物而据为己有。天地为万物提供的阳光、空气、水，是须臾不可或缺的物质能源。"道"在孕育万物的过程中发生着作用而又看不见它的具体行为，左右万物运行而又不支配万物，它有生发万物之功，有养育万物之德，不以主人自居，可以说微不足道。

韩鹏杰教授的概括，老子人生观主要集中在四个字上：清、虚、卑、弱四个字，很精辟，可以共同学习一下：

1.清

"清"，在老子《道德经》中，有两层含义：第一层净，干净、澄明、清澈。心无杂念，无有挂碍。也就是王阳明临终前说的"此心光明，亦复何言？"这里给大家讲个故事，苏东坡和佛印和尚是很好的朋友，但是两人也喜欢彼此嘲弄一番。有一天，两人坐禅。一会儿功夫，苏东坡睁开眼问佛印："你看我坐禅的样子像什么？"佛印看了看，频频点头称赞："嗯！你像一尊高贵的佛。"苏东坡暗自窃喜。佛印也反问道："那你看我像什么呢？"苏东坡故意气佛印："我看你简直像一堆牛粪。"佛印居然微微一笑，没有提出反驳。回到家中，苏东坡得意地告诉他的妹妹："今天佛印被我好好地修理了一番。"当苏小妹听了事情原委后，反而笑了出来。苏东坡好奇地问道："有什么好笑的？""人家佛印和尚心中有佛，所以看你如佛；而你心中有粪，所以看人如粪，其实输的是你呀！"苏东坡这才恍然大悟。还有句话,说同样的半杯水,乐观的人会说"太好了,还有半杯水呢",而悲观的人会说"哎呀,怎么才剩半杯水啊!"我们都有这样的体会,当你心情好的时候,看山是山,看水是水。当你心情不好的时候,看天也不蓝。所以有句偈语说得好:"一念心清净,莲花处处开。"

刘禹锡的《秋词二首·其一》:

自古逢秋悲寂寥,我言秋日胜春朝。

晴空一鹤排云上,便引诗情到碧霄。

这首诗是诗人被贬朗州(湖南常德)时所作。他年仅三十四岁,正感到春风得意,却被赶出了朝廷,其苦闷是可想而知的。但他这个人求异心理很强,做事都想与众不同,不肯人云亦云,他对未来充满了希望。

第二层含义,宁静。宁静致远,清还需要保持内心的宁静。静能生慧,静能悟道。在现实生活中我们能够体会到,如果不停地搅动水面,水就会变得混浊。《道德经》十五章"古之善为道者,微妙玄通,深不可识……孰能浊以静之徐清,孰能安以动之徐生?"人的学问修养、身心状况,如何才能达到微妙玄通,深不可识的境界呢?只有一个办法,好好在混浊动乱的状态下平静下来,慢慢稳定下来,使之臻于纯粹清明的地步。譬如,一杯混浊的水,放着不动,这样长久平静下来,混浊的泥渣自然沉淀,终至转浊为清,成为一杯清水,这是一个方法。《道德经》第二十六章:"重为轻根,静为躁君。"这是老子劝戒君王,要以"持重守静为本"。我们大家有一个共同的缺点是什么,躁。急躁、浮躁、暴躁、狂躁。在《道德经》

中,"天物芸芸,各复归于其根,曰静。""静"是一种观其运动规律,掌握其内在规律的方法。所以此句是说,观察、了解、掌握了事物发展的内在规律,做到心中有数,这才是控制躁动、妄动的最有效的手段。所以,在《道德经》第四十五章中说,"静胜躁,寒胜热,清静为天下正"。

康熙皇帝在《庭训》中说:"以无事之心处有事。"

苏洵在《心术》中说:"泰山崩于前而色不变,麋鹿兴于左而目不瞬。"

"万物静观皆自得"。因此,诸葛亮《诫子书》告诫儿子,宁静而致远。

2.虚

虚,有两层含义,即虚怀若谷,谦虚。形象是空旷的山谷。

整部《道德经》中,关于对空虚的描述很多,第五章,"天地之间其犹橐龠舆:虚而不淈,动而俞出。"天地之间,难道不就像一个大风箱吗?风箱虽然虚空,然而所蕴藏的能量却无穷无尽,一旦运动起来其功用巨大。道本性是空,空是一切万物的本源,空中妙有无穷。第六章,"浴神不死,是谓玄牝。玄牝之门,是谓天地之根。绵绵呵其若存,用之不堇。"意思是溪流源源不断地从空旷的山谷流出,从未停歇,就像母性繁衍后代的因子一样生生不息。母性的这种造化方法,乃是天地万物产生的根源。连绵不绝啊,其中蕴藏着万物造化的基因,这种造化功能用之不尽。

第十一章:"卅辐共一毂,当其无,有车之用也。燃埴而为器,当其无,有埴器之用也。凿户牖以为室,当其无,有室之用也。故有之以为利,无之以为用。"意思是三十根车轮辐条固定在同一个轮毂上,当轮毂中存在空间时,方有其作为车的用途。烧制陶土作成器皿,当器皿中存在空间时,方有其作为器皿的用途。开凿门窗,建造房屋,当房中存在门窗空间时,方有其作为房屋的用途。

所以,有之以为利,无之以为用。"有"即资源,从事物的本体的、实在的、显性的角度来看,是事物具体价值的体现;"无"即规律,从事物的本源的,抽象的,隐性的角度来看,是事物潜在作用的体现。

所以,虚,是心灵空旷,无欲无求,广博能容。

虚,还有谦虚之意。

亘古至今,谦虚、谦让即为人类传统的美德。明代著名的哲学家、教育家王守仁有句名言为:"谦受益,满招损,器虚则受,实之不受,物之恒也。"谦虚、谦让的人会受益,自满的人会招来损害,"受"为容纳。未满之器还可以容纳,已满之器则不能继续容纳了。"物之恒也"就是事物变化的规律、法则。《谦》卦说:"天道亏盈而益谦,地道变盈而流谦,鬼神害盈而福谦,人道恶盈而好谦。谦,尊而光,卑而不可逾,君子之终也。"是专门讲说"谦"的道理的。大意是说:天的法则是使满盈亏损,使谦虚增益。凡是骄傲自满的,就要使他亏损受害,而谦虚谦让的就让他得到益处;地的法则是改变满盈。凡是骄傲自满的,要使他改变,不能让他永远满足。而谦虚谦让的要使他滋润不枯。就像低的地方,流水经过,必定会充满了他的缺陷;鬼神的法则,凡是骄傲自满的,就要使他受害，谦虚谦让的便使他受福；人的法则都是厌恶骄傲自满的人，而喜欢谦虚谦让的人。具备谦虚美德的人，居尊位，道德更加光华；处卑位，常人也难以凌越；君子则坚持毕生践行。

"自见者不明，自是者不彰，自伐者无功，自矜者不长。""不自见，故明；不自是，故彰；不自伐，故有功；不自矜，故长。"（第二十四章）"江海之所以能为百谷王者，以其善下之，故能为百谷王。"（第六十六章）老子认为，做人不要固执己见、自以为是，更不能自我夸耀，傲世轻物，而贵在谦下，虚怀若谷。《易经》六十四卦，没有一卦六爻都是好的，惟有谦卦例外，谦卦的六爻皆吉。儒家主张谦下，道家更主张谦下。一个虚怀若谷的人，惟道是从，以天地为师，以大自然为师，从来不表现自己，始终"处无为之事，行不言之教"。

有谦德之君子既能"知常容，容乃公，公乃王，王乃天，天乃道，道乃久，没身不殆"（第十六章），又能"方而不割，廉而不刿，直而不肆，光而不耀。"（第五十九章）坚持原则而不孤傲，锐利而不伤人，率直而不放肆，光明而不耀眼。厚道乃是君子的基本品格，而宽容则是厚道的人格基础。所谓宽容，就是要容一切难容之人，容一切难容之事，容一切难容之言。容比忍的境界更高。忍是被动的，无奈的，有限的，总有忍无可忍的时候，搞不好就很可能忍出病来。而容则是主动的，随缘的，无限的，是一种人格，更是一种智慧。执政者应当宽容，容许一切反对意见公开自由发表，允许一切反对派公开合法存在，这不仅是现代政治的必然要求，更是执政者自信和成熟的表现。一个人如果能够包容一切，他的生活就一定是健康快乐的。有了宽容,就有了爱心,就能做到"心善渊",做人厚道就是自然而然的事情。

谦,能给我们每个人带来好处,就是毛主席说的:"谦虚使人进步"。老子认为,"自知者明""自胜者强",亦即人生最难认识的是自己,最难战胜的也是自己。苏格拉底把"认识你自己"作为哲学的最高命题,与老子的"自知者明"是相通的。佛家说,人生最大的敌人是自己,与老子的"自胜者强"是相通的。人贵有自知之明,这句话就出自老子的"自知者明"。古今中外,多少英雄豪杰的成功,无一不是自知自胜的成功。一个人,只有正确认识自己,才能扬长避短,确立正确的人生定位,干自己最感兴趣且力所能及的事情;只有战胜自己的贪欲,才能所向无敌,义无反顾地奋斗,最终实现自己的人生目标和价值。古今中外,多少为官者身败名裂,大多是不自知不自胜造成的悲剧。比如,某些贪官污吏严重违法犯罪,被判处死刑,就是缺乏自知之明和自胜之力,没有正确的人生观,不能战胜自己的贪欲,丧尽天良,泯灭人性,自己把自己"动之于死地"。无数正反两方面的经验一再证明,人生最难认识的人是自己,人生最大的敌人是自己。能够认识自己、战胜自己的人,必将天下无敌。

现在有些年轻人基础很好,人也很聪明,可是工作若干年后没有任何变化。主要原因是自以为是,目空一切,那怎么能进步呢?所以,我们要始终保持谦虚的态度,才能进步。

3.卑

卑不是卑鄙的意思。卑在《道德经》中有三层含义,即善于处下、低调、韬光养晦。

——善于处下。比如道路,非常重要,《圣经》祈祷书:"主啊,你是道路,你是真理。"这么重要,位置却很低,就在我们脚下。"桃李不言,下自成蹊"。道看似高妙,其实位置很低。

我们最讨厌什么人呢?居高临下,盛气凌人,指手画脚,颐指气使。

老子就是善于以我们熟悉的事物来做比喻,来阐述他想说明的道理,百川东到海,是因为海处于最低的位置,所以能成为溪谷汇聚的中心。要想做一个好领导者,在颁布法令时,必须虚心听取群众的意见;在领导民众时,则必须顺从民众的意愿。只有这样,才会民心所向,众望所归。

老子在第六十一章,讲了非常重要的一个观点。什么样的国家才能成为真正的大国?应具备怎样的胸怀和智慧?六个字"大邦者下,流也。"大的邦国应当采取"为下""处下"的原则,这样才能汇聚四方使之流向自己。还说"故大邦以下小邦,则取小邦"所以,大的邦国将自己摆在比小的邦国低的位置上,就能使小邦汇聚在自己周围,取得小国的信任和依赖。习主席在访问非洲讲话时说,我们和非洲的关系可以概括为"三个字":第一个字是亲,是你们把我们抬进了联合国,我们帮你们修铁路;第二个字是诚,坦诚相待;第三个字是实,我们答应的事一定落到实处。

毛主席第三世界的划分,也是源于这一理论。日本"经营之神"松下幸之助在谈到经营管理时,讲过一个故事:一个小镇上,有一家高档的点心铺。一天,一个乞丐要买一个豆沙包,店里的小伙计犯愁了,豆沙包都是一袋一袋卖的,怎么分开来卖给一个乞丐呢?正当小伙计犹豫不决时,老板发话了:我来接待吧!说着,老板就递了一个豆沙包给那个乞丐。付了钱之后,乞丐深深地鞠了一个躬。乞丐走了以后,老板说:你也许觉得今天的事不可思议,但要牢记,这就是销售的恩惠。一直以来,我们都受到顾客的关照和爱护,非常难得,一定要珍惜。不过,今天的事很特殊。平时经常来店里的都是有钱的很体面的客人,那很正常。而今天这个乞丐想要尝尝我们的豆沙包,他拿出的那一点钱,可能是他的全部家当。这样的事不是很特殊吗?对这样的稀客,理应由我亲自来接待。这就是经商之道。

松下幸之助想通过这个故事,告诉大家,只花一元的顾客,比花一百元的顾客,对生意兴隆更具有根本影响。人们往往殷勤接待大主顾,对小顾客则不免怠慢。其实,若能诚恳接待小顾客,他会成为你永久的主顾,不断为你引来大笔生意。无论什么年代,作为一个商人都应该拥有这种谦卑的心情和姿态!

卑的第二层含义是低调。现在流行的一句话叫低调奢华有内涵。低调很难,需要有资本。和圣人、君子一样,光而不耀,首先得有光。《道德经》第二十八章说得好:"知其雄,守其雌,为天下溪。为天下溪,常德不离,复归于婴儿。知其曰,守其辱,为天下浴。为天下浴,常德乃足,复归于朴。知其白,守其黑,为天下式。为天下式,常德不忒,复归于无极。"意思是,只有坚持谦虚退让的原则来待人处世,才能回到"朴"的人类本性,才能长久。老子不是一味地提倡软弱忍让,"守其雌"的前提是"知其雄","守其辱"的前提是

"知其白",要想"知其雄""知其白"必须有进取精神,必须有钻研精神,浑浑噩噩是做不到的。

我们每个人都有高调的冲动,冲动起来遏制不住。你看有些人的名片,头衔弄了一大堆,一面放不下,还要加长。有这个必要吗?人往往一高调就会惹出麻烦。你看抓起来的人哪个不高调?三国时魏国文学家李康的《运命论》:"故木秀于林,风必摧之;堆出于岸,流必湍之;行高于人,众必非之。"意思是傲才往往会成为大家攻击的对象。有道是,人言可畏。

最后一层意思韬光养晦。韬是宝剑的鞘,晦是把光芒隐藏。意思是隐匿光彩、才华,收敛锋芒。韬光养晦还包括谦卑的意思,就是甘愿让对方处在重要的位置,让自己处在次要的位置。苏联解体时,第三世界国家公推我们中国做老大、扛大旗。邓小平说一不做老大,二不扛大旗,我们要韬光养晦。

回顾历史,我们能有这么长和平时期,没有战争,很少见。这是用智慧换来的。

4.弱

这个弱绝不是软弱,让人成为弱者,弱是跟逞强相对。其内涵是上善若水,柔弱胜刚强。

第八章:上善若水——水善利万物而有静,居众人之所恶,故几于道矣。居善地,心善渊,予善天,言善信,正善治,事善能,动善时。夫唯不争,故无尤。

水乃万物之本,水乃生命之源。水对人类的贡献太大了,哪个文明能离开水？四大文明都发生在水边。历来人们是临水而居，田园牧歌总是与水相伴，"智者乐水，仁者乐山"这样的表述沿用了数千年，只有那种理解生活的智者才能真正读懂水的深意。

"飞流直下三千尺，疑是银河落九天"这是诗仙李白对水的赞叹。"逆水行舟，不进则退"此乃哲人对水的体悟。"水可载舟，亦可覆舟"，伟人由此悟到了以民为本的真谛。"逝者如斯夫，不舍昼夜"，孔子领悟到光阴似流水一样一去不回，要倍加珍惜。那么，老子对水有何见解呢？

老子认为，最接近道的状态就像水：水能够利于万物，而不求回报；居处于众人所厌恶的地方，很接近道的特性。接下来，老子以水德喻君德。居，应当在大环境中找位置，随遇而安；心，应当能够如深渊般容纳百川；予，应当是像天那样无私给予，不求报答；言，应当能够真实诚信，轻诺必寡信；政，应当公平正直；事，随方就圆，玉汝于成；动，不失时机，顺时应变。

正因为水的行为是天性使然，不加任何造作，利益万物而无争，所以才不会有过失。

柔弱胜刚强。第七十八章："天下莫柔弱于水，而攻坚强者莫之能胜也，以其无以易之也。"尽管水是天下最柔弱的东西，但是所谓坚强的那些东西却无法战胜水，因为，它们无法改变水的形态。也就是"抽刀断水水更流，举杯浇愁愁更愁。""故柔胜刚，弱胜强，天下莫不知，而莫能行也。"因此柔能承受刚，弱能承受强，天下没有不知道的，却没有能够按此施行的。水凭借流动的力量改变它，表面上看来是柔弱卑下的特性，水能穿山透石，淹田毁舍，任何坚强的东西都阻止不了它,战胜不了它。

我们在现实生活中要学会示弱而不逞强。战国时期,燕国将领乐毅率部连下齐国七十二座城池,仅剩安平和即墨两座城池。田单退守即墨,城中的军民一致推举田单当首领,田单命令精良的部队埋伏起来,让老弱妇女登上城墙示弱,并派遣使者去和燕军讨论投降事宜。燕军放松了警惕,田单用火牛阵击溃了燕军,并收回了全部失城。齐襄王封赏田单,赐号为安平君。

《道德经》第七十六章:"人之生也柔弱,其死也坚强。草木之生也柔脆,其死也枯槁。故坚强者死之徒,柔弱者生之徒。是以兵强则不胜,木强则兢。强大处下,柔弱处上。"意思是说:人活着的时候身体是柔软的,死了以后身体就变得僵硬。草木生长时是柔软脆弱的,死了以后就变得干硬枯槁。所以坚强的东西属于死亡的一类,柔弱的东西属于长生的一类。因此,用兵逞强就会遭到灭亡,树木强大了就会遭到砍伐摧折。凡是强大的,总是处于下位,凡是柔弱的,反而居于上位。老子在这里用自然的景象为我们揭示了一个大道理就是:柔弱胜刚强。正像俗话说得好"齿落而舌长存","舌柔在口,齿刚易折"。只要我们善用柔弱,就会取得成功,中国工农红军游击战的"十六字方针"就是很好案例:"敌进我退,敌驻我扰,敌疲我打,敌退我追。"

老子在对人和物做了深入而普遍的观察研究之后,他认识到柔弱的东西里面蕴涵着韧性,生命力旺盛,发展的余地极大,很能持久。

老子说:"夫唯不争,故天下莫能与之争。"柔弱胜刚强,是结果,不是过程。"有心栽花花不开,无心插柳柳成荫。"你挖空心思地争名逐利,上蹿下跳,丑态百出,疯狂炒作,拼命作秀,甚至出卖灵魂,最后也许除了露怯,什么也得不到。相反,你虚怀若谷,宠辱不惊,谦卑低调,心态平衡,或许就能得到你该得到的。这就是"柔弱胜刚强"的成功之道。

老子整部《道德经》是明天道而喻人事。这个道,包括天之道和人之道。潘基文在连任联合国秘书长后的演讲中,引用了"利而不害,为而不争"这句话,出自第八十一章的最后一句,意思是天道的法则,只有利益万物而从不加害于众生;圣人的法则,只为民众做事而不与民争利,无我利他。我们年轻人只要能够很好的执守这一法则,不管是创业也好,工作也好,一定会无往而不胜。

最后讲一下老子的道德标准——人生"三宝"。

《道德经》五千言中,关于德的论述最多,也最系统。老子倡导的德是一种什么样的人生观呢?老子以自己为例,提出了人生"三宝"。老了说:"天下皆谓我道大,似不肖。夫唯大,故似不肖。若肖,久矣其细也夫!我有三宝,持而保之。一曰慈,二曰检,三曰不敢为天下先。"(第六十七章)意思是天下人都说我伟大,伟大得不像这个世界的人。正由于不像这个世界的人,所以才能成其伟大。我拥有并经常珍惜三件法宝,就是慈、检、不敢为天下先。这"三宝",应该是老子人生观的总概括。

老子的第一宝是"慈"。过去人们往往把"仁慈"二字并用,去形容一个人的为人处世之善良性格。老子的"慈"是什么呢?过去一般都解释为"仁慈""柔慈"或"慈善"的意思,其实都不够准确。

请注意，老子这里没有说"仁"字，而说的只是一个"慈"字。老子所说的"慈"，本意应该是人与生俱来的一种"善"的天性，或者叫人性。

所谓人性的表现，老子认为："圣人常无心，以百姓心为心。善者，吾善之；不善者，吾亦善之；德善。信者，吾信之；不信者，吾亦信之；德信。圣人在天下，歙歙焉，为天下浑其心，百姓皆注其耳目，圣人皆孩之。"（第四十九章）意思是，作为圣人，必须把老百姓的愿望作为自己的奋斗目标，不论是他们的优点还是缺点，都要信任他们、尊重他们、善待他们。就像把老百姓当作刚出生的婴儿一样。由此看来，老子还是"以人为本"社会观的始作俑者。

老子为什么要提出这种以人为本的"慈"的观念呢？是因为老子看到了当时社会"不慈""不善"的社会现状："故大道废，安有仁义；智慧出，安有大伪；六亲不和，安有孝慈；邦家昏乱，安有贞臣。"（第十八章）。大道废弃了，怎么还会有仁义！六亲不和，怎么还会有孝慈！国家昏暗动乱，怎么还能有正直的臣子！这种情况下，老子还能把统治者倡导的"仁义"观念作为自己的"三宝"之首么？

在这样的社会背景下，应该确立怎样的人生观？老子开出的药方是："绝圣弃智，民利百倍；绝仁弃义，民复孝慈；绝巧弃利，盗贼无有。此三者以为文，不足。故令有所属：见素抱朴，少思寡欲，绝学无忧"（第十九章）。这段名言往往被后世学者当作复古倒退、愚民政策的言论而加以指责，这是对老子的误解。老子这里所说的"绝圣弃智"，并非是学界解释的"灭绝聪明，抛弃智慧"的意思。老子的意思是统治者要抛弃所谓圣人和智者的名头，回到纯朴的状态，让老百姓安心于生产生活。

综上，老子的第一宝"慈"，应当理解为慈爱，无私之爱。"上爱下曰慈。"意思是侯王要像母亲一样用慈爱心对待自己手下的臣民。"慈"不仅要慈心于人，还要慈心于物。不论对人或对物，都要具有恻隐之心。老子倡导的"慈"，是基于如下社会现象提出的："天下多忌讳，而民弥贫；人多利器，国家滋昏；人多伎巧，奇物滋起；法物滋彰，盗贼多有"（第五十七章）。意思是天下禁令越多，人民就越贫穷；民间武器越多，国家就越混乱；人们攫取财物的才智越强，社会奸邪行为就越多；凭借国家权力获取民脂民膏越多，盗贼反而越猖狂。老子所要倡导的，是一种以人为本（以民为本）的价值观。

老子对"慈"这种价值观的解释，同儒家的"仁者爱人"并不完全相同。儒家的"仁"，是统治阶级倡导的，自上而下赐予的；而老子的"慈""善"，是人类与生俱来的天性，是自下而上形成的。老子强调发扬和尊重人的天性，就如同对待刚刚出生的婴儿一样，他们虽然没有善恶观念，但具有与生俱来的"善"的天性，而父母对婴儿的天性就是慈爱。"载营魄抱一，能毋离乎？抟气致柔，能如婴儿乎？涤除玄监，能毋疵乎？爱民治国，能毋以为乎？天门启阖，能为雌乎？明白四达，能毋知乎？"（第十章）说到底，就是让统治者好好修身，使精神与身体合一，清除各种私心杂念，达到回复人的天性的境界。具有了这样的慈善心，人与人才能互相关爱，互相帮助，人与自然才能和谐相处。

"检"，是检点、检查的意思。要随时随地检点约束自己的言行,"处无为之事,行不言之教。"在明白自己该做什么和不该做什么的前提下,坚决不去做那些违反"道"的事情。要克制自己的欲望,崇俭抑奢,爱惜民力。"不尚贤,使民不争;不贵难得之货,使民不为盗;不见可欲,使民不乱"(第三章)。

老子倡导的"俭",是基于如下社会现象提出的:"朝甚除,田甚芜,仓甚虚。服文采,带利剑。厌食,货财有余。是谓道夸。"(第五十三章)。意思是统治者的宫殿修得富丽堂皇,农田却荒芜了,仓库也空虚了。统治者穿华丽衣服,佩锋利宝剑,吃山珍海味,财物多的用不了。

正因为如此,所以老子才说:"我无为,而民自化;我好静,而民自正;我无事,而民自富;我无欲,而民自朴。"(第五十七章)意思是我无为而老百姓自然归顺,我追求安宁清静,老百姓自然不会滋事生非;我不动辄大兴大作,老百姓自然会富足,我没有欲望,那么老百姓自然就会淳朴厚道。老子的目的在于要求统治者不要贪得无厌,不要为一己之私利,浪费人力、财力、精力,以俭约理念治国,把统治的根柢扎深打牢,这样才会"民自富"。最终目的还是让老百姓富裕,让老百姓安宁,而不是让老百姓安于清贫。

老子把"俭"还是作为一种美德,提倡全社会的人都要信守。不仅统治者要奉行,老百姓何尝不需要遵守?天下悠悠万事,有容乃大,无欲则刚。"历览前贤国与家,成由勤俭破由奢",这是万古不易的真理。就是到了今天,爱惜民力物力,反对奢侈浪费,反对拜金主义,提倡艰苦奋斗,不也是社会主义美德的重要组成部分么?

老子的第三宝"不敢为天下先",学界在理解上偏差更大。一般都理解为要人们防止"出头椽子先烂",不要为出人头地争上游,老老实实地随大流,甘于平庸。这是望文生义的错误解释。如同前面所说的"慈""检",是对统治者的忠告一样,"不敢为天下先",老子也主要是对统治者而言的,当然也是对老百姓为人处世的善意告诫。

老子所处的那个时代,东周王室大权旁落,春秋五霸争雄,战争连绵不断,人民遭受极大痛苦。所以老子所说的"不敢为天下先",与我们今天说的"不称霸""不当头""韬光养晦"是一个意思。老子主张,在处理国与国之间的关系上,要以慈爱对待,平等相处,不以强凌弱,欺负弱小,不穷兵黩武,劳民伤财。不要为天下先,当什么飞扬跋扈的霸主。处理国与国关系要讲平等,谦虚卑下,善居下流,不要为争"天下先",长期陷老百姓于战争之中,这样才是统治者治国理政的"法宝"。在名利面前不伸手,"外其身而身存,后其身而身先"。

老子的"慈""检""不敢为天下先"三宝不能割裂开来,必须作为一个整体思想加以理解。爱民治国要"慈",要"以百姓心为心",让民自化、自正、自富、自朴,才能使"民亲而誉之"。"慈"的前提是统治者要"检",自我检点,体察民情,轻徭薄赋,与民休息,不为"难得之货"轻易发动战争,不为争"天下先"而劳民伤财。

由老子的"三宝",不能不让人联想到毛泽东主席当年进北京前,在西柏坡提出的"两个务必"的原则:"务必使同志们保持谦虚、谨慎、不骄、不躁的作风,务必使同志们保持艰苦奋斗的作风。"谦虚谨慎、不骄不躁、艰苦奋斗三句话,与老子的

"慈""检""不敢为天下先"三宝之间的联系，不是一目了然吗？所以，老子"三宝"之德，至今仍有重大的现实意义，应当为全党全国人民所信守。

处理国际关系是如此，处理人际关系也应如此。为人谦和一些，遇事忍让一些，在利益面前手伸得短一些，在名誉地位面前退后一些，为人处事时时处处淡泊一点，都应是"不敢为天下先"的题中应有之义。

当今世界，一些国家推行强权政治，企图称霸全球，动辄动用武力或以武力相威胁，造成国内外民怨沸腾的局面。老子的"三宝"，在处理当今世界国与国之间的关系上，仍不失为宝贵思想；我国在外交上倡导的大国小国一律平等，自己不当头，不称霸，也反对任何形式的霸权主义，就是老子思想的现实运用。那些热衷搞强权政治、单极世界的超级大国决策者，真应该好好读一下《道德经》。

四、老子的价值观

老子在物质追求方面提倡节俭、寡欲、知足常乐。老子认为，讲究物质享受会使人心智迷乱。自古以来，有几个人可以守得住名利和财富呢？又有多少人不是因为在荣华富贵的虚名虚利上，自我膨胀、骄傲自大终于招致败亡的呢？这些例子在历史长河中不胜枚举"富贵——骄狂——败亡"已经成为一个挥之不去的陷阱和怪圈，使多少人陷入其中而不自觉。

第一剂："见素抱朴，少私寡欲"

我们知道宇宙间有一种和谐共存的"自然秩序"，这就是老子所谓的"道"。在这个大的"自然秩序"下，万物各行其道，井然有序。我们"人"作为万物之灵，当然也不能脱离这个大的"自然秩序"，并且还势必要依道而行。唯其能够与道合一，然后才能长生久视。在天下未失朴的时候，是天人合一，一切当然如此。但在大道既废、天下失朴以后，人们却开始节外生枝，"本性"渐泯，"个性"渐张，特别是"自我"意识膨胀。凡是认为对他有用的东西，不论是财产、享受，还是名誉、地位、权威……他都不厌其烦地想掠取过来，集中在自己身边，集中得愈多愈好，掌握得愈牢愈过瘾。这一贪心的兴起本是为了自身的欢愉乐利，但到后来却往往本末倒置，而是为了占有这些事物不懈地追求，甚至不惜付出生命的代价，真是令人啼笑皆非、感慨万端了。老子认为，人是自然界的产物，所以，要顺其自然地"甘其食，美其服，安其居，乐其俗"（第八十章》），他不主张去欲、无欲、绝欲。但是，对于超出基本需求之外的欲望，即人们常说的身外之物，如声色犬马、财物名利之欲，就必须减少到最低程度，根绝了私欲就可以得到安静。老子劝告人们，要"见素抱朴，少私寡欲"。就是应当像没有染色的布一样，平素洁净，像没有雕凿的原木一样，朴实无华，保持自然的本质。大道是大公无私的，只有完全彻底的奉献，而没有一丝一毫的索取。人是由大道创生的，理当效法大道，无私奉献。老子说："道生之，畜之，长之，遂之，亭之，毒之，养之，复之。生而弗有也，为而弗恃也，长而弗宰也，此之谓玄德。"（第五十一章）道生长万物，养育万物，使万物生长发展，成熟结果，使其受到抚养、保护。生长万物而不居为己有，抚育万物而不自恃有功，导引万物而不主宰，这就是道本性的体现。无我利他是《道德经》的精髓，"无我"的概念并不是自己一切不顾地接济他人，而是当自己衣食无忧的时候要讲奉献。老子在第七章中说"以其不自生也，故能长生。"你越是懂得为别人着想，越是懂得给予别人，你越是能够得到更多。这是创造财富的秘诀，也是幸福人生的真谛。如果"人人自扫门前雪，不管他人瓦上霜"，这样的社会岂不很可怕吗？孟子有言，"独乐乐不如众乐乐。"能够做到"无我"利他是一个高境界，极高的境界。"无我"最难做，"无我"做到了，利他、专一、守信都能做到。"无我"做不到，利他、专一、守信也都做不到。举个例子，涩泽荣一，1840年生，是日本明治和大正时期的大实业家。业务遍及金融、铁道、海运、矿山、纺织、钢铁、造船、机电、保险、建筑等众多领域，一生创办了500多家企业，堪称日本近代的"实业之父"。他的成功经验是什么——《论语与算盘》。

再举一个我们自己的例子，顺丰快递总掌舵人叫王卫，2016年实现营业收入574.8亿元，净利润为41.80亿元。2016福布斯中国富豪榜公布，王卫以185亿美元财富，排名第四位。名不见经传，却创造了快递业的奇迹。他和员工说，我是给你们揽活，你们是给自己挣钱。员工月收入四五万很正常。

华为是大家公认成长最快的企业，2005年任正非入选《时代周刊》全球"建设者与巨子"100名排行榜。目前，华为市值保守估计为1500亿。任正非的股份只有1.4%，从不接受采访，出差挤公交。

做到了"无我",才能增强凝聚力,财散人聚。当蛋糕做大了,你的利益也会自然变大。只利于己,会有诸多限制难以突破,只有"无我"为他的时候,你才可以突破一切,成为一个真正具有智慧力的人。凡是大企业成功的秘诀很多,我觉得最根本的有两条:首先要承担社会责任,否则会丧失生存和发展空间。第二条是员工利益最大化,建立一套良好的激励机制。

第二剂药方:知足常乐

这是老子针对人性当中欲望过甚的弱点提出的又一个哲学观点。听到"知足常乐",我们的直觉可能以为老子的思想比较消极,不鼓励人们积极进取,因为好像只有我们永远也不满足于现状,或者说永不知足,我们才能不断展望未来,积极努力。如果这样理解老子的"知足常乐",就未免有些片面了。其实,老子所说的"知足",从某种意义上说与儒家所强调的"中庸之道"有些相似,它强调的是去除过分的欲望,终止过度的行为。如果我们能做到当进则进,当退则退,当止则止,那你就会经常感到身心愉悦。"知足",知足什么?不是指做事本身,做事要积极认真;而对结果知足就好了,主要是指名利地位等。所以知足不能成为懒惰者的借口。

老子首先告诫我们:"知足之足常足矣。"如果你总是贪得无厌,那么这个饥饿的欲望总有一天会连同你自己一起被吞噬掉。只有你知道适可而止,才会有更长久的富足。老子是这样说的:"罪莫大于可欲,祸莫大于不知足,咎莫憯于欲得。故知足之足,恒足矣。"(第四十六章)意思是说,天底下没有什么比贪得无厌更大的罪过了,人世间没有什么比不知足更大的灾祸了,世界上也没有什么比想得到一切更大的错误了。所以懂得知足常乐的道理的人,才能得到真正长久的富足。真正的富足是心灵的平和充实,是精神的恬淡快慰,是看到他人富足之后的心安理得。知足常乐,做一个精神的富裕者。对物质财富不过分强求,不取俸禄之外的非分之得,见色不迷,见物不贪,见名不取,见利不图,那么"可欲"之罪、"不知足"之祸,就会远离我们。

清末政治家林则徐先生有一副对联:"海纳百川,有容乃大;壁立千仞,无欲则刚。"这个壁立千仞、无欲则刚中的"欲",就是我们想得到某种东西或者想要达到某种目的的要求。欲是人的一种生理本能,人如果要生活下去,一定会有各种各样的欲望。可凡事总要有个限度,如果欲望多了、大了,就会产生贪心,欲壑难填。贪求欲望者往往容易被各种各样的财欲、物欲、色欲、权势欲等迷住心窍,最终导致纵欲成灾,自取灭亡,欲望也就跟着戛然而止了。只不过这种戛然而止是伴随着灾祸而结束的。其实,人最大的弱点就是你的欲望。当你的欲望被人发现了,那你就把自己的弱点暴露给他人了。当他满足你欲望的同时,要提出一个附加条件的时候,如果你无法拒绝自己的欲望,那你就只能去满足他所提出的条件,这样你就成了自己欲望的俘虏和奴隶,这就是许多贪官坠入深渊的一个基本原理。知足可以使人在内心里建立起一种平衡关系,知足可以使人少一些佛经中所说的求不得之苦。佛经中提到八苦,即是生苦、老苦、病苦、死苦、怨憎会苦、爱别离苦、求不得苦、五阴炽盛苦(我们对五蕴的身心产生执着)。老子所说的知足是一种不为外物所累的积极处世的态度。人的本性中就有对各种充满诱惑的外部世界的无限的欲望,但是我们作为万物之灵,人是有理性的,应该用我们的理性对过分的欲望加以控制。如果我们能够很好地控制自己的欲望,做到知足,那么就真的可以常乐了。这就是老子所说的"是以圣人去甚,去大、去奢。"(第二十九章)只要你能够做到去除那些过分的、过大的和过多的欲望和行为,那么永恒的道所带给你的快乐,才可以长久。

"知足"还有第二层意思,那就是我们做任何事情都要知道适可而止。"殖而盈之,不若其已。揣而锐之,不可长葆之。金玉盈室,莫之守也。富贵而骄,自遗咎也。功遂身退,天之道也。"(第九章)凡事适可而止,不要自夸自大,因为自信自满的人往往就像水溢流出来一样得不偿失,倒不如放下自大自满的心,使得自己安逸恬适。自恃自己聪明有才智就锋芒显露的人,必然会受到别人的排斥与打击。这种人就不可能受到别人的拥戴与爱护。"功成事遂",不认为自身有功,不把自己凸现出来,这才是天之道。司马迁的一句话可谓经典:"欲而不知止,失其所以欲;有而不知足,失其所以有。"(《史记·范雎蔡泽列传》)意思是说,如果你的欲望是没有限度的,那么最后可能会什么欲望也得不到满足;如果富有了,还不知道满足,最终你可能会失去原来已经拥有的一切。大家仔细想想,需求越小,自由就越多;奢华越少,舒适就越多。心境简单了,就有心思来经营我们的生活;生活简单了,我们就有时间来享受美好的人生。

古往今来，多少贪夫殉财，常常由贪得无厌，不知足，不知止，而栽进了罪恶的泥潭。清朝的和珅就是典型一例。和珅少时即在銮仪卫当差，19岁承袭三等轻车都尉。由于他巧言令色，曲意奉承，又办事利落，幸得乾隆帝欢心，官职屡升，充户部尚书、四库全书馆正裁、兵部尚书，后为军机大臣。其子丰绅殷德与和孝公主结婚。和珅位高权重，他借乾隆之名作威作福，凡是对他有意见者则设法诬陷之，而且贪心无限，所以给他送礼者无数。嘉庆四年（1799）正月，乾隆帝去逝，嘉庆帝逮捕了和珅，查明他执政二十余年结党营私，贪污受贿，后诏令和珅自尽，宣布和珅二十大罪。据不完全统计，和珅家产为八万万银两，超过当时朝廷十年收入的总和。难怪，嘉庆皇帝即位抄了和坤的家后，民间流传"和珅跌倒，嘉庆吃饱"的笑谈。

在物欲横流、灯红酒绿的大千世界，如果不能保持一种平凡朴实的心态，其思想和精神世界就必然会偏离正轨。庄子说得好："其嗜欲深者，其天机浅也"。寥寥数语，道出了欲望与一个人的精神世界，乃至与其人生观的关系。特别是一些位高权重的领导干部，如果把权力当作为个人、家庭和小集团牟取利益的手段，肆无忌惮，贪得无厌，最后必然沦为阶下囚。有多少领导干部堕落为腐败分子，相继落网，何尝不是因为"咎莫大于欲得"的缘故！

所以，老子提倡，"圣人不积，既以为人，己愈有；既以予人，己愈多"（第八十一章）"圣人"不要多积蓄，自己的财富要用来济众，完全为人民；给予别人越多，自己富足感越强。按天道行事，就是利于万物而不妨害；按圣人之道行事，就是施济于民众，而不与其相争。

第三剂药方：消除企图心、名利心

这个药方更能起到清秽理气、去邪补正的作用。"名与身孰亲。身与货孰多。得与亡孰病。甚爱必大费，多藏必厚亡，故知足不辱。知止不殆，可以长久。"（第四十四章）在这里老子告诫人们，喜爱的东西越多，浪费现象就越严重，藏污纳垢越多，离败亡就越快。唯有知足知止，才可以不取其辱，才可以没有危害，才可以使肌体健康长寿。

在做事方面要消除企图心、名利心。老子认为，一个人不论说话办事，首先要心地淳厚，无私无欲，不求回报，不图名利。老子认为"道法自然"，自身修养的道德标准就是"自然"。自然者天、地、水也。所以老子也以天地之德为例，"天长地久，天地所以能长且久者，以其不自生，故能长生。"（第七章）开天辟地以来，天就是这个天，地就是这个地，可见它的生命是多么长久。那么天地为何能够如此长久呢？就是因为它不是自己生长自己，而生长万物，不为自己而为别人。所以它能够长生。比如，一个人开饭店，如果他的目的仅仅是为了赚钱（自生），那么就会用低劣的食材，以次充好，欺骗顾客。这样做的结果会怎样呢？肯定是开不长久。如果他目的是坚持信誉第一，顾客至上，让人们吃上价廉物美的饭菜，那么他饭店的知名度会越来越高，最后饭店会越做越好。这叫以其不自生，而得长生。所以一个不自利的人或企业是无法利人的。一个好的社会制度，一定是鼓励人们以利己为出发点，以利人为途径，只有这样才能生存,才能发展。比如做公益。再比如美国柯达公司,照相冲胶卷很麻烦,不利人。数码相机一上市,柯达就破产。腾讯公司正好相反,自我革命。从QQ到微信,方便别人,成就自己。

记得在企业高管培训班上,有学员向我咨询企业文化的问题。我说,企业文化是企业的灵魂,是推动企业发展的不竭动力。它直接关系到企业的生存状态和未来发展。随着人类社会的进步,企业正在由无序的野蛮竞争向有序的文明竞争过渡。所以,一个企业仅仅承担社会责任是远远不够的,企业的发展愿景、价值观念、企业精神、道德规范和产品定位要与生态系统相统一,也就是要承担生态责任。企业文化的确立一定要与中华文化天人合一的宇宙观、协和万邦的国际观、和而不同的社会观以及以人为本的道德观相统一。

今天借这个机会,详细说一说为什么企业要承担生态责任?因为自工业革命以来,人类向大气中排放的二氧化碳等吸热性强的温室气体逐渐增加,造成全球变暖。只要全球气温再升高2℃,人类将无法生存。为避免这一状况,联合国签署了《巴黎协定》,力争将全球平均气温控制在"工业化之前的2℃以内"。我国是负责任的大国,习主席向全世界承诺:中国二氧化碳排放力争于2030年前达到峰值,努力争取2060年前实现碳中和。节能减排,大势所趋,企业不承担生态责任行吗?

高载能、高污染企业在破坏生态的同时,自己也丧失了生存的余地。所以,只顾眼前利益、只顾自身利益,不惜损害大局利益是不会长久的。老子一再告诉我们,只有利益全局,才能利益自己。

"天无私覆也,地无私载也"。相反"炊者不立。自示者不章;自见者不明;自伐者无功;自矜者不长。其在道,曰:余食赘行;物或恶之。故有欲者弗居。"(第二十四章)因此有道德的人就要"为而不恃,功成而弗居""功成名遂身退,天之道"。真正有道德的人惟天地之德为榜样,以无为之心去做事,做了许多事情之后,或者觉得这是自己应该做的,或者觉得做得还不够,甚至觉得自己并没有做什么。因为他不想成功自傲,这样的人在大功告成之后就功成身退,不想去占有这个荣誉。只有功成身退的人才最合乎自然的天道。当然,那些为了明哲保身而功成身退的不在其列。"是以圣人后其身而身先,外其身而身存,以其无私耶,故能成其私。"(第七章)将自己的利益放在后面,首先考虑别人的利益,虽然将自己置之度外,反而永远长存。这就是圣人没有私心反而能成就他的伟大。

圣人之所以成为圣人,就是能效法天地的法则立身处事,将一己之私统统抛之脑后,获得了自己的存在价值,为天下众生无私奉献,鞠躬尽瘁,而其德行却万民敬仰,精神光照千古,从而达到"三不朽"。明代的王阳明是著名的思想家、文学家、哲学家和军事家,陆王心学之集大成者,精通儒家、道家、佛家。《明史》称赞王阳明说,"终明以来(就是整个明朝历史上)以文臣用武功者,守仁为第一人"。身经百战没败过一场,其中最大的仗是什么?平定宁王叛乱。宁王率七万大军,从南昌起兵,北上直攻北京。当时王阳明作为汀赣巡抚,听说朱宸濠叛乱,他带领自己三千人马和地方武装开赴前线与朱宸濠决战,他善用攻心术,仅43天就把宁王的部队打得落花流水,并生擒活捉了宁王。当有人向他报告胜利的喜讯时,他不以为然，继续给学生上课。

王阳明为什么能以少胜多？他评价自己，说我当时也是命悬一线，稍微不慎重就会被碾为尘土粉齑，所以他知道自己当时身处险境。为什么他敢做这个决定呢？因为他不考虑个人安危，以国家利益为重，把自身的安危置之度外。

为什么我们很多人做事做不好？因为首先考虑自己的利益多，心念不正，做事就会出偏差。王阳明去逝时，学生问他，说你给我们留点什么？他说"此心光明，亦复何言？"就是心里边什么都没有，只有一个光明的善念，我凭着这个去做事，别人评价什么我都不在意，这是王阳明的心法。

正是由于老子退其身而身先的思想，才有了后来范仲淹"先天下之忧而忧，后天下之乐而乐"和孙中山"天下为公"的豪迈誓言。

《淮南子》有一则故事，公仪休做了鲁国国相后，他遵奉法度，按原则行事，丝毫不改变规制，因此百官的品行自然端正。他命令为官者不许和百姓争夺利益，做大官的不许占小便宜。

有位客人给国相公仪休送鱼上门，他不肯收纳。管家说："听说您极爱吃鱼才送鱼来，为什么不接受呢？"公仪休回答说："正因为很爱吃鱼，才不能接受啊。现在我做国相，自己还买得起鱼吃；如果因为今天收下他的鱼而违反了国家的法律，成了罪人，以后还能吃得上鱼吗？所以我决不能收下。"

世界著名实业家稻盛和夫，1932年出生于日本鹿儿岛。27岁创办京都陶瓷株式会社（现名京瓷），52岁创办第二电信，这两家公司都进入世界500强。2009年，正当他潜心佛学、安度晚年之际，日本航空公司负债1.5万亿日元（约1220亿元人民币）宣告破产。日本航空公司不仅是世界第三大航空公司，更是日本的"翅膀"。"必须拯救这家公司"，时任首相的鸠山由纪夫登门邀请稻盛和夫出山，担任这家破产公司的董事长，几乎所有人都为他捏了一把汗，怕他"晚节不保"。他在作决定前反复思考了半个月，出任日航CEO究竟有没有一点私心，认为没有之后稻盛和夫欣然应允。他当时做了两项承诺，一是以零薪水出任日航CEO；二是他不带一个人去日航。仅用了一年多时间，日航做到了全球同行业三个第一，一个是利润第一，一个是准点率第一，一个是服务水平世界第一。

五、老子的治国理念

究竟老子哪些思想对后来统治者治国理政产生巨大影响呢？今天主要讲三个思想：

1.以正治国

所谓"正"的治国理念，正是"以正治国，以奇用兵。以无事取天下。"这寥寥数语体现出来的，即是这位古代圣人的重要的治国之道："以正治国"。"以正治国，以奇用兵"里的"正"字是和"奇"相对应的；而"奇"就是指隐蔽、出其不意、诡秘等不太光明的手段；而"正"作为相对的，则是：正当、公正、不虚假、理直气壮等的意思。"以正治国"这四个字，正如它所承载的朴实无华的道理和信念一样，可以说包括了老子所提倡的君主治理国家的所有劝告或者说是主张。即等于把国家治理好的这一个大题目下的所有重点，都落在一个"正"字上。而且深层次讲，古代"正"字通政字。"政谓：名教法律也。"也就是法制的观念。这里老子告诫所有的治国之君，治国要有正当途径，要正直，不可搞歪门邪道，要按照法治来行事，建立稳定的社会秩序。总结起来，"正"字像一把悬在君主宝座上方的锋利宝剑，无时无刻不闪耀着足以震慑整个国民的凛冽的冷光，维持整个国家的长治久安；但同时也让在宝座上的君主正襟危坐，告诫着：任何治国者都必须在治国上老老实实，来不得半点虚假。滚滚的历史长河，人类的整个发展演化历史，朝代的演变、君主的更替，都充分证明了这一点。孟子说："得道多助，失道寡助"，其实整个人类社会都是这样的情形，凡是正面的东西人类无不给予拥护；而邪恶的、不正当的东西就统统遭到人类的唾弃：如法西斯、专制独裁、侵犯人权等等。而老子早在两千五百多年前就已经指出："以正治国，以奇用兵。以无事取天下。"这是值得现在所有的人应予严肃思考的。大到治国，小到做人，"正"无疑是重中之重。

2.自然无为

"自然"和"无为"是老子哲学中的重要概念。"自然"是老子所推崇和追求的最高价值，"无为"是这种价值得以实现的行为方式。在自然无为的基础上，老子提出了无为而治的政治理念和道法自然的治国方略。

老子所谓的自然，并非指大自然或自然界。因为自然界的概念是二十世纪初才有的。老子的自然是本来如此、自然而然的意思。它与人为相对应。比如开车行驶是人为,而违章被罚就是自然。再比如苹果树为什么会结苹果,而杨树不结苹果,本来就如此。也就是说,非人为能够左右即为自然。自然并不是指什么物,而是指最好的行为标准和最高的价值追求。"人法地,地法天,天法道,道法自然。"(第二十五章)意思是人在大地上生存,顺应地的四时变化;地要顺从天体运行影响,地球本身就是天体的一分子,太阳系的各大星球在运行过程中会对地球产生影响,地球周期性变化、风雨雷电、潮涨潮汐等等,地球自身无能为力,只能适应。古人观天象就是这个道理。天体的运行要依照道的安排,按照各自的规律运行,否则就会发生碰撞。道就像是游戏程序,一切都按程序运行。那么道要服从谁呢?就是自然,显然它不是具象的东西,而是属性或者原则。"绝圣弃智,民利百倍;绝仁弃义,民复孝慈;绝巧弃利,盗贼无有。"(第十九章)意思是侯王不以圣人自居,不自作聪明,愚弄百姓,则民利百倍;废弃"仁义"教化,老百姓自然会回归孝道本性;君主不偷奸耍滑,徇私枉法,民间就不会有下流小人。抛弃聪明智巧,人民可以得到百倍的好处;抛弃仁义,人民可以恢复孝慈的天性;抛弃巧诈和货利,盗贼也就没有了。老子对侯王提出的"三绝""三弃",其核心是减少空洞的说教,去掉虚伪的面具,"复归于朴",以诚相待。百姓的眼睛是雪亮的,老百姓心里都有一杆秤,君王的一言一行,一举一动都会看在眼里,记在心上。侯王如果自作聪明自欺欺人,必然会失信于民。

我们生活在人世间,各种关系错综复杂,世界上有我自己,有我的父母，有我的伴侣，有我的孩子，还有我的领导、同事、朋友等等，那么针对每一类人，我们都要有相应的相处之道和应对之策，生活岂不是很复杂！那么怎么才能使这种错综复杂的关系变得简单一些呢？老子告诉我们这个世界上只有我和我之外的世界，就这两个存在。

而我之外的世界，它是一个客观存在的东西，它有它自己的运行规律，它不以我们个人的意志为转移，我们能做的就是调理好自己，把自己和外部世界调到同一个频率上，主动适应外部世界，那我们就会自在、快活。反之就会烦恼不断，痛苦不堪。

"无为"，也绝不是无所作为，如果人人都什么也不干，岂不是坐吃山空，谁来推动人类社会进步？故宫坤宁宫上挂的匾额为"无为"二字，安徽省有个县叫无为县。显然，"无为"所指的对象是侯王，是指有权有势的领导者，而不是普通百姓。在封建专制社会，侯王越有为，给老百姓带来的灾难就越深重。列国争城掠地，贵族骄奢淫逸，苛政甚于猛虎，法令多如牛毛，人民怨声载道，暴动彼伏此起，这些都是统治者的"有为"所致。所以老子说："人之饥也，以其取食税之多也，是以饥。百姓之不治也，以其上有以为也，是以不治。民之轻死，以其求生之厚也，是以轻死。"（第七十五章）可见老子在此所说的"有为"（在全书中，"有为"只此一见），与我们今所理解的"有所作为"根本不同，它是指统治者从自己和本阶级的私利出发，违背人民意愿，倚仗武力和权势的强行所为，恣意妄为。老子认为，"道恒无为而无不为"，所以在治国理政方面，他反对"有为而治"，而主张"无为而治"。在他看来，"为无为，则无不治","圣人无为故无败,无执故无失"。老子把"无为"看作圣人"取天下"和"治天下"的根本手段。

《道德经》全文八十一章中,老子几乎用了一半的篇幅来论述无为而治,其中最为生动的一章是这样说的:"太上,下知有之"其次,亲而誉之"其次,畏之"。其次,侮之"信不足,焉有不信焉,犹兮其贵言,功成事遂,百姓皆谓:我自然"(第十七章)。老子把侯王分为四层次:意思是最好的统治者,人民只知道他的存在;其次的统治者,人民亲近他并且称赞他;再次的统治者,人民畏惧他;更次的统治者,人民轻蔑他。统治者的诚信不足,人民才不相信他,最好的统治者是多么悠闲。他很少发号施令,事情办成功了,老百姓说,我们本来就是这样的。

所以老子的"无为"是对为政者世俗行为的全盘否定。"无为"的意蕴非常深刻,归纳起来有八个方面:

第一,顺其自然。因循事物的自然本性及发展趋势,以客观公正的态度,加以辅助或引导,并不直接作用于个体,只是为其自然的发展变化提供良好的环境和条件。"能辅万物之自然,而弗敢为。"(第六十四章)"辅"是帮助的意思。万物之自然,是万物受之于天的本性,是事物发展的趋势。意思就是帮助万物按照自己的趋势去发展,不去人为干预。核心是顺其自然、不妄为。不主观臆断,要顺应事物发展规律,因势利导。大家想一想有多少为政者,唯我独尊,自以为是,恣意妄为,由于错误决策,造成的损失不计其数。

第二,不居功,不占有。"万物昔而弗始也,生而不有,为而不恃,功成而弗居。"(第二章),是说在万物开始萌芽状态时不去人为的破坏，长养万物而不干涉、不占有、不图报、不居功。"道"是宇宙之本，而道之本性则是"道恒无为而无不为"，即"道"对于宇宙万物是"道，泛呵，其可左右也，成功遂事而弗名有也。万物归焉而弗为主，则恒无欲也，可名于小。"（第三十四章）。万物依赖道而生，但不将主观意志加于万物，有功也不自居。哺育万物却不做万物的主宰。

第三，无欲。"道"作为万物之母，作用不可为不大，但它没有一己之私。一是要求领导者不要有偏好："不尚贤，使民不争；不贵难得之货，使民不为盗；不见可欲，使民不乱。"（第三章）不崇尚贤才异能，使人民不至于炫技逞能而争名逐利。不看重稀贵之物，使人民不做盗贼。不显露足以引起贪欲的物事，使人民的心思不至于被扰乱。人烦恼痛苦的根源其实在于产生了欲望。"上有所好，下必甚焉"，指居上位的人有哪一种爱好，在下面的人必定爱好得更厉害。二是要求领导者不要有私心，"圣人恒无心，以百姓之心为心。"（第四十九章）就是说，领导者不应该有自己特殊目的，也没有一成不变的思想，应该想百姓之所想，以百姓的意愿为执政主张。《文子》中说，遵守道的要点，在于减少其贪欲，去掉其名位势利，除却其嗜欲。掌握了道的要点，就会做到明察，就会有所得。正如习近平总书记向全党庄严承诺那样："人民对美好生活的向往，就是我们的奋斗目标。"三是知足。网上有篇文章说的很好，"心，只有一颗，不要装的太多；人，只有一生，不要追逐的太累。心灵的愉悦，来自精神的富有；简单的快乐，来自心态的知足。"从古至今，哪个贪官有好下场？"前事不忘，后事之师"！我们要切切实实引以为戒啊！

　　第四，宽松。制定政策法规不能太过严苛，要给老百姓留有自由活动的空间。老子提出"法令滋彰，盗贼多有"，即法律过于繁琐严酷，那么人民就会生活困难，贫困起盗心。"天下多忌讳，而民弥贫"（第五十七章），天下的政令越多，法规越严苛，民众叛离的越多。因此老子又提出"其正闷闷，其民屯屯。其正察察，其邦夬夬。"（第五十八章），统治者要为老百姓营造宽松的社会环境，让他们的聪明才智得以充分发挥。政策宽松，人民淳朴忠诚；政治严苛，人民狡黠、抱怨。最清明的政治就是顺其自然，让百姓休养生息。汉文帝、景帝将老子的清静无为思想发挥到了极致。由于秦朝的残暴统治和秦末的战乱，社会生产遭到严重的破坏，西汉建立之初，到处是残破荒凉景象。人民流离失所，人口锐减，大片土地荒芜。当时连皇帝的坐骑也配不齐毛色相同的四匹马，有些将相出行只能乘牛车，人民不得温饱。汉文帝、汉景帝按照黄老之学，采取休养生息政策，主要是三条：轻徭薄赋，注重农业生产，提倡以农为本，关心农桑，进一步减轻赋税和徭役；减轻刑罚，重视"以德化民"，废除一些严刑苛法；提倡节俭，提倡勤俭治国，以身作则。通过采取无为而治的治国之道，"以德化民"，形成了经济发展、社会安定、百姓富裕的繁荣景象，史称"文景之治"，并作为仁政善治的典范永载史册。

　　唐太宗时期，唐太宗继承唐高祖制定的尊祖崇道国策，并进一步将其发扬光大，运用道家思想治国平天下。唐太宗任人廉能，知人善用；广开言路，尊重生命，自我克制，虚心纳谏；并采取了以农为本，厉行节约，休养生息，文教复兴，完善科举制度等政策，使得社会出现了安定的局面；并大力平定外患，尊重边族风俗，稳固边疆，最终取得天下大治的理想局面。因其时年号为"贞观"（627年—649年），故史称"贞观之治"。"贞观之治"是中国专制社会迎来的盛世高峰。

文景之治也好，贞观之治也罢，其实都不是治的结果。

第五，无事。"取天下常以无事，及其有事，不足以取天下。"（第五十七章）老子说，以无事而取天下是最高的道德标准。中国的历史，尧、舜、禹是无事取天下的代表。"无事"就是做自己本分之事，不能越俎代庖，不能滋生事端，无事生非。老子既反对儒家推行"以德治国"，又反对"以智治国"。指出："大道废，安有仁义；智慧出，安有大伪；六亲不和，安有孝慈；国家混乱，安有忠臣。"（第十八章）从古至今，仁义，智慧，孝慈等都是为人们所推崇的。而孔子的最高理想是"仁义"，这是儒家文化的核心思想和价值取向。然而，老子看清了问题本质，人世间的大道被人为的废弃了，哪里还有"仁义"？《道德经》第六十五章"古之为道者，非以明民也，将以愚之也。民之难治也，以其知也。故以智知邦，邦之贼也；以不智知邦，邦之德也。"老子认为政治风气的好坏，取决于领导者的品行。领导者若是真诚质朴，那么政治就会清明，社会就能安宁；如果领导者机巧黠滑，政风就会败坏，民众也会奸诈，而社会将无宁日。老子是极力反对战争的，他认为侵略战争就是自生事端，于是他主张统治者"以道佐人主者，不以兵强天下"（第三十章），"夫唯兵者，不祥之器"（第三十一章）。老子是不满于"天下无道，戎马生于郊"（第四十六章）的社会现实的。老子所主张的"道"是反对战争的，故而老子劝告统治者实行其所言之道。只有推行无为而治，才能达到"我无为而民自化，我好静而民自正，我无为而民自富，我无欲而民自朴"（第五十七章）的理想社会。老子提出这四条原则：分别从统治者与老百姓两个方面来阐述，并要求统治者所做的是前提，老百姓所做的是结果，统治者做到"无为、好静、无事、无欲"，一般老百姓就能"自化、自正、自富、自朴"。要求统治者实行无为而治，戒欲戒奢，不生事、不扰民，也不能恣意妄为。让人民自我发展，自我完善，人民就能够安平富足，社会自然能够和谐安稳。

秦汉以后可以说都是靠武力取得的天下。因此，在中国历史上，称三代以上是"公天下"，三代以后是"家天下"。

因此，"无事"是"无为"的具体表现。

第六，为而不争。"不自示故章；不自见故明；不自伐故有功；弗矜故能长。夫唯不争，故莫能与之争。"（第二十二章）意思是说，只有保持一种中和的状态，才能放牧天下，成为君主。他还告诫君王自始至终要以"无我"为本，以谦虚、低调的态度来为人处世，不仅不会降低威信，埋没功绩，反而会得到民众的拥护。只要你保持"无我"的状态，不去争名夺利，就不会有人和你争斗。这段话充分体现了老子"柔弱胜刚强"的哲学思想。老子所谓"不争"，不是放弃一切，而是要以不争反立于不败之地。后世流传的"占小便宜吃大亏""难得糊涂""吃亏是福"等思想意识，应该源于"不争之德"。"立于不争而无忧，立于不争而有成。"所以，老子在全书的结尾提出，"天之道，利而不害；人之道，为而不争"（第八十一章）的最高治国理念。天道只会有辅万物生长，而无心伤害万物。统治者也应该借鉴天道法则有所作为而不争名夺利。

第七，不折腾。"治大国若烹小鲜"（第六十章），说的是治理一个国家，就像煮小鱼一样，要掌握火候，不能多加搅动，多搅则易烂，五味要调和，这样烹饪出的东西，才会色鲜味美；治理国家的道理跟"烹小鲜"一样，不能来回折腾，朝令夕改。据说上古时期的贤君商汤曾向厨师伊尹询问治国的主张，伊尹用这样的比喻来说明：做菜既不能太咸，也不能太淡，要调好佐料才行；治国就如同烹饪，既不能操之过急，也不能松弛懈怠，只有恰到好处，才能把事情办好。后来伊尹被拜为丞相，辅助商汤打败夏桀，为商朝的建立做出了巨大贡献。新官上任三把火。有些领导者一旦得势，就无所顾忌，别出心裁，朝令夕改，出尔反尔，弄得下面无所适从。上面越是"有为"，越是折腾，底下的人，就越不得安宁。

第八，不自我标榜。古人云，地低成海，人低成王。老子要求统治者，低调做人不张扬，身居高位不自傲；才高不自诩，财大不气粗；不显山不露水，真诚谦卑。"自视者不章；自见者不明；自伐者无功；自矜者不长。"（第二十四章）意思是因为只看到自己优点的人，得不到彰显；自我显露的人，没有自知之明；自我夸耀的人，反而不会被认为有功；自以为是的人，不会长久。

自然无为思想是老子以正治国思想体系不可或缺的重要组成部分。老子所谓"无为"是对统治者提出的基本要求，"自然"是经济社会发展的理想状态。

3.以民为本

老子在《道德经》第三十九章中，劝诫侯王要正确处理与人民的关系，提出了"贵以贱为本，高以下为基"这一正确的为政准则。按照一般逻辑侯王是高贵的，民众是卑贱的，但是一定不能忘记低贱的民众是侯王高贵的根本，低下的民众是神圣王权的基础。也就是说，没有民众就失去根本，没有民众就失去基础。没有民众根基，侯王就会失掉高贵的地位。"是以圣人之欲上民也，必以其言下之；其欲先民也，必以其身后之。故居前而民弗害也，居上而民弗重也，天下乐推而弗厌也。"（第六十六章）老子认为，作为贤君，想要治理好邦国，一定要谦和而居于民众之下；想要领导民众，一定要甘愿居于民众之后，因此圣人身居高位，但人民没有压力，侯王统御百姓而百姓不害怕。这一思想与儒家孟子异曲同工："民为贵，社稷次之，君为轻。"唐太宗说："为君之道，必先存百姓。若损百姓以奉其身，犹割股以啖腹，腹饱而身毙。"唐太宗有这样的思想，所以出现"贞观之治"的大好局面不是偶然的。老子还告诫统治者要清净寡欲，对人民的管制要适度，不然就会适得其反。"民之不畏畏，则大畏将至矣。毋狎其所居，毋厌其所生。夫唯弗厌，是以不厌。"（第七十二章）。官逼民反，如果民众逼到了无所畏惧的地步，则对统治者的巨大威胁就来了。不要逼迫得民众不得安居，走投无路。统治者只有爱护人民，人民才不会厌弃统治者。

下·篇

道　经

第一章

道，可道也，非恒道也。名，可名也，非恒名也。无，名万物之始也；有，名万物之母也。故恒无欲也，以观其眇；恒有欲也，以观其所徼。两者同出，异名同谓。玄之又玄，众眇之门。

【译文】道是可以体悟行证的，但它无始无终，无穷无尽，并不是永恒不变的；名相是可以人为创设和命名的，而所命名的名称只在一定范围有意义，因此不能完全表达事物的本质。"无"是万物起源的因子；"有"是万物生发的依据。"无"是专门用来描述、定义万物起始动因的概念；"有"是专门用来描述、定义万物生发根源的概念。所以，通过无以为的内观可以体悟万物本源；通过有以为的外求可以看到万物的端倪。无和有都源于道，虽然名称不同但本质是一回事。道深不可测，它是产生一切妙有的大门。

【解析】第一章是老子《道德经》全书的总纲，主要讲了老子的宇宙观和认识论。

"道"是老子哲学的最高范畴。为什么老子借用"道"作为自己的哲学范畴呢？因为道的本意是道路，人站在十字路口的情形，有行道之意，后引申为万事万物的运行轨迹。道具有必然性和强制性的特点，人们出行必须遵道而行，否则会误入歧途。

老子认为，道是本源，道生万物，它包容一切，统摄一切，一切事物都统一于道。"万物负阴而抱阳"，"一阴一阳谓之道"，"道"就是事物赖以存在的内生动力，是事物发展的规律。就是说宇宙有一个本源叫"道"，它产生了天地万物，并在冥冥之中掌控宇宙的运行。用一个形象的比喻，"道"是宇宙游戏的程序，宇宙万物的运行变化都是预先设定好的，按照程序运行可能会走得远一些，不按照程序运行可能会中途夭折。老子的"道"是哲学层面上的概念，是一种关于世界观或者叫作宇宙观的表述。

道和名是在唯物主义宇宙观基础上的认识论。"道，可道也，非恒道也。"这句话是说，"道"作为宇宙的最高真理是可以认识和遵循的，所以"道，可道"。但"道"具有无限性，人们所认识的道，仅仅是冰山一角，只能说是道的外延，而绝不是其本源。也就是说不是宇宙的真相，所以也就"非恒道"了。大千世界的万事万物，人们都可以在认识之后，给它取个名字，如银河系、太阳、地球、金、木、水、火、土等，但一旦命名，这个名字与它固有的形象和本质，又必然有一定差距，不能绝对精确地表述其本来面目，所以也就"非恒名"了。

老子早就发现人类有这个毛病，他反对孤立地用一大堆"名"和"相"来解说和理解世界，认为这样只会离真理越来越远。第二章进一步阐明这一观点。很多我们以为天经地义的概念名相，其实都是人类自己主观创设的，而且是在非常有限的范围才有意义，因此老子提醒世人不要自以为是，不要被自己创设的概念所欺骗。

也正因为宇宙万物是可认识的，并需要不断深化认识，所以老子提出，"无，名万物之始；有，名万物之母"。从"无""有"处断句是从王安石开始的，如此一来，此句就由以前的对天地万物的起始过程的描述变为了对"无""有"这一对老子思想中的核心概念的描述，或者说定义。意思是，当人类尚未认识万事万物的时候，它并没有一个名字，但它是客观存在的，始终就有的。而当人类对它了解之后，便为它贴上标签，也就是取了名。所以，老子认为，"天下万物生于有，有生于无。"（第四十章），"无"是人们尚未认识之前的客观状态，"有"是人们认识之后的阶段性状态；也就是说，天下万物都是从我们认识到的已知世界（有）产生的，而已知世界则产生于对未知世界（无）的认识和探索。

"故恒无欲也，以观其妙；恒有欲也，以观其所徼"。老子认为，对"道"的探求有两条途径：一条是无以为，就是通过保持纯朴宁静的状态去内观，可以体悟未知世界的奥秘；另一条是有以为，就是依靠科研手段去外求，可以认识已知世界的状态。

"两者同出，异名同谓，玄之又玄，众妙之门"，当我们遇到一个事物，在未探究之前，一切都是"无"，因为我们对它一无所知。经过探究，当得到成果之后，为了认知的方便，要给它起个名，这就是从无到有的过程。比如，当我们第一次见到鸡蛋的时候，并不知道是从哪里来的，通过研究发现是一个长翅膀的大鸟产的。在你未研究之前，这个所谓的大鸟就是"无"，当你认知后，为了区别于其他鸟类，给它起了个名叫"鸡"，这个能产蛋的鸡就变成了"有"。其实"有"和"无"是同一个东西，只是认知前后的名称不同罢了。这里的"玄"，不应理解为玄虚，是神妙难捉摸之意，这里指道又深又远，只有层层深入，才能逐步接近其的本源。"玄之又玄，众眇之门"，是说道深不可测，它是万物产生的大门。

第二章

天下皆知美，为美恶已，皆知善，斯不善矣。

有无之相，生也；难易之相，成也；长短之相，形也；高下之相，盈也；音声之相，和也；先后之相，随，恒也。

是以圣人居无为之事，行不言之教。万物昔而弗始也，为而弗志也，成功而弗居也。夫唯弗居，是以弗去。

【译文】当天下人都认识到什么东西最好，并刻意去获取的话，那么麻烦就随之而来了；当人们都知道什么行为最善，并刻意效仿的话，结果会适得其反。

有和无的概念，只是对事物形成的一种表述；难和易，只有在事情完成之后才能下结论；长和短，只有二者相比较才能显现；高和下，只有在同一水平面才能比较；音和声，只有将二者统一于同一旋律当中，才有分辨的必要；前和后，只有在相随和划定界限的情况下才能判断。

因此，有德明君要善于研究借鉴天之道，用不言的方式来实行教化。不能违背事物发展规律来回折腾，在发挥引导作用中不能主观臆断，即使事情成功了也不能认为自己有功。只有不居功，你的地位和作用才不会失去。

【解析】本章主要讨论了老子的价值观、人生观以及方法论，也是对第一章"名，可名也，非恒名也"的进一步的阐述。

接下来的第三章，其实就是对老子这种思维原则在政治和管理上的运用。可以说是老子对于第一章的基本理论在作具体应用和解释，试图让人们学以致用。老子的全书，都贯穿了这种知行合一的实践精神。

本章试图用实际的例证来告诉人们：名相只是人为附加的概念，不是恒定不变的事实，更不代表事物本身。一切名相，只是我们对于宇宙万物关系认知的一个角度，角度不同认知结果也不同。

执着于固有的名相不变，是常人的思维惯性。任何事情都有一个参照系，如果参照系变了，那么对名相的认知也应该改变，否则就会做出错误的判断。比如，盖高楼大厦的钢铁是好东西，而在输变电行业恐怕钢铁的导电性就不如铜材。

老子在本章中，就是了解到我们常人的这个思维特点，并用几个大家熟悉的典型例子，把坚持简单化思维角度的结果，引申到最后很荒谬的地步，让人们反过来清晰地觉察自己到了思维的盲区，反省自己执着名相的愚痴！

多数注家将"天下皆知美之为美，斯恶矣，皆知善之为善，斯不善矣"，译为："天下的人都知道怎样才算美，这就有了丑了。都知道怎样才算善，这就有了恶了"。那老子在这里为什么不用丑而用恶（wù）呢？显然说不通。老子认为道是永恒不变的，而现象界的一切事物没有好坏、贵贱、善恶之分。在现实生活中，之所以有分辨，都是由于人的情感所致。因此所有事物的称谓、概念、价值判断都是在相对的关系中产生，而这种关系又是不断地在变动。老子告诫人们不能活在表象的世界里。王弼注"美者，人心之所进乐也；恶者，人心之所恶疾也；美恶犹喜怒也，善不善犹是非也"。这里说得很明白：美就是人心中所喜欢并追求的感觉；恶就是人心中不喜欢并逃避的感觉，美恶就好像"喜欢"和"不喜欢"的情绪，善不善就如同说"好"还是"不好"的评价一样。

比如，古代四大美女。你能说谁比谁更美吗？西施有西施之美，昭君有昭君之美，环肥燕瘦，瘦也有瘦的美呀，是不是？

庄子讲万物齐一，"天地与我并生，而万物与我为一。""天地虽大，其化均也；万物虽多，其治一也"。万事万物从大道的眼光来看，没有生死、成毁、美丑、大小、夭寿的不同，但万物都有其存在的价值，万事都有其发生的意义。在动物世界，你说哪种动物最厉害？不好分。一物降一物，生态平衡嘛，螳螂捕蝉，黄雀在后。那么，我们人为什么要分别呢？是因为人心里有个"有"的观念，我们为认知的方便，遇事就喜欢贴标签、分次序，什么美丑呀、善恶呀，等等。老子告诉你"天下皆知美,为美恶已,"不要去分美与不美,也不要去分善与不善,"天下皆知善之为善,斯不善矣"。"如果天下都知道一种行为是善,这种行为本身也是最大的不善"。

美恶之名,因相而有!用第一章中的"名,可名也,非恒名也"的思维方法和原则来解读这一章,你会发现理解起来很简单,也同样可以发现老子独特的智慧;在这里"美,恶"等概念,就是老子所说的"名"。它们并不是真实恒定的存在,而是只存在于人们的思维、语言和情感判断中,并依据人们思维和情感的角度不同,而有不同的判断结果。不可执着为真实恒定的客观存在。它们只是存在于"观察者角度"中,存在于人们的思维、语言和情绪中,是人对于某个事物加以"判断"的名词;它们不是事实,只是人类对存在的表达方式,而且同一件事物,可以用不同的方式来表达。就像一幅地图,它不是地球,但可以代表地球。难道说你看了地图就等于周游世界了吗?老子警告我们:当人们试图对事实本身加以判断和作出定义的时候,同时也意味着我们离开了事实本身,产生了认识上的偏差。因此,老子并不鼓励我们执着这些名相,而要求我们放弃认为它们是"真实存在"的执着,回到事实本身来看问题;同时也不能根据自己的一己成见而妄加作为,局限于自己一时的思维和情感来加以认知,这样只能给自己带来不好的结果,同时给社会造成破坏。例如美女们都以能挎一个品牌包包为荣,但在农村老太太看来,它没有一个竹篮子实用。之所以人人都在追求名牌奢侈品,主要是虚荣心在作祟。

"有无、难易、高下……"等六个排比句,就是老子采用相同的逻辑思维，对这一思想的进一步阐发。这里关键的难点就是"相"字的解读。"相"作为名词，有质地和实质的意义。如《诗经·大雅》："追琢其章，金玉其相"；《文心雕龙》："所谓金相玉质，百世无匹者也"，梅膺祚《字汇》："相，质也"；而"相"的原始含义，是用眼睛来观察树木的外形，是一个从"目""木"的会意字；因此作为动词来说，原始含义就是"查看，鉴别"；作为相应的名词，自然就是"相貌，外形"的意思。

老子用"有无之相，生也"这一句话来说明：有和无这两个名词概念，并不具备客观的永恒意义；之所以用这两个名词来描述事物，是基于"生"的这个观察角度来看事物，而得出相对"有"和"无"的结论，离开了"生灭"这个观察角度，谈"有无"就没有意义了。第一章讲得很清楚了，有无是异名同谓。

"难易之相，成也"。我的理解，"成"就是"实现"和"完成"的意思。与《荀子·修身》言："事虽小，不为不成"是同样含意。全句的意思是：难和易这两个概念（名），也并不真正地存在，它们只是根据事物如何"完成和实现"这个角度来看，才有其意义。

当一件事情完成了，根据所用的工时才能判断难易。同样的事，同样的方法，换不同的人去做（完成），可能难度也是不一样的。所以不能够离开关系角度，离开参照系来判断"难易"；例如要完成"生孩子"这件事，对于女人来说：简单，容易；不用教，不用学，是女人本能。可是让男人们来试试？恐怕比登天还难吧？

所以，同样一件事，到底难还是易？真的无法说清楚。也就是说：难和易，只存在于某种参照体系之下，也就是"成"这个观察者角度。离开了"成"这个评判的角度,你就不知道做成这件事的难度系数和所耗费的人力物力,说"难"还是"易"毫无根据。

"长短之相,形也"。用我们上面讲解的老子道家的思路来看,这句话也同样很简单:"长"和"短"这两个判断概念,也不是真实和永恒的客观存在物,它们只是根据事物的"形"来加以判断的时候,才产生出来的概念名词。这里,"形"的含义是"比较""对照",如刘安《淮南子·齐俗训》"短修之相形也",此话其实就是老子的"长短之相形也"的解释。但是,如果加上了"形"这个辅助条件,问题一下子就解决了:给你一双38码的鞋,你很难说它长还是短,只有用脚这个"形"(参照物)一试,你才能知道长还是短,大还是小。

"高下之相,盈也"。"盈"字的古义,就是把器皿充满,《左传·庄公十年》"彼竭我盈,故克之",《吕氏春秋·首时》"饥马盈厩"。

老子这句话,可以很简单地表达出来:天下不存在绝对的"高"或者"下",这两个名相概念的产生,只有用同一个水平才能加以判断,得出结论。

"音声之相,和也"。"音"的本义指人的口发出的言语声,"声"的本义指非人口发出来的,物体振动时所产生的能引起听觉的波。解释老子说的这句话,可以用形象一点的方法:比如演唱歌曲,演唱者和伴奏者的节奏、音律要配合一致,才能完成好作品。

"音"和"声"是人们区分不同的声波的概念,判定标准就是将二者放在同旋律当中,才有分辨的必要,否则互不相干。

"先后之相，随，恒也"。为了解释清楚"先"和"后"，老子觉得光用"随"字，从"跟随"的角度来解释，还不够全面；所以必须加上"恒"这个角度，才能贴切地把"先""后"解释清楚！全句解读如下："先"和"后"也不是真实的客观存在，我们对"先""后"的概念判定，是依据"跟随"这样的一个角度得出的结论。另外，还可以根据设定的界限，来判断某个事实发生的"先""后"的关系。否则只孤立地说"先后"是没有任何意义的。

假如今年孩子考试得了97分，是"先"还是"后"？不好说，必须有一个"跟随"的比较。相对100分的来说，当然就是"后"了，可相对于97以下的，自然就是"先"了；否则，离开了"随"的概念，得不出"先后"的判断。

光这样讲还不完全："先""后"的判定，还可以订一个恒定的参照物来判断。例如公元纪年，是人们为了方便对于时间的"先后"判断，设定一个分界线就是基督诞生的时间。否则也不存在"公元前""公元后"的"先后"的概念。

综上所述，按照世俗的看法，一切相反对立的事物，都是有你无我，不能并存的。但这只是表面的现象而已。如果撇开这表面一层，来做深刻的观察时，就知道一切所谓相反对立的事物，实质上是互为依存，相反相成的。一方所以能够成立，正因为有另一方的存在。看似两个壁垒森严相互对立的事物，谁又能找到它们之间的明确界限呢？就像昼夜一样界限模糊。所以，老子还告诉我们相互对立的事物在一定条件下是可以相互转换的。通过这一章可以证明，老子作为辩证法的鼻祖，当之无愧。

最后一段是本章的小结，执着于名相概念是没有意义的。圣人处理世事顺应自然而不恣意妄为，以身作则而不妄言空谈。任凭万物自然发展而不加以干涉，化生万物而不据为己有，对万物有所施而不图回报，功业成就而不居功自傲。正是由于圣人法"道"而不居功自傲，因此他的功劳便永远不会埋没。

第三章

不上贤，使民不争。不贵难得之货，使民不为盗。不见可欲，使民不乱。是以圣人之治也，虚其心，实其腹，弱其志，强其骨。恒使民无知无欲也，使夫知不敢，弗为而已，则无不治矣。

【译文】统治者只要不去刻意标榜贤能，老百姓就不起争斗之心；不重视、不贪求难得的珍稀物品，老百姓就不会萌生偷盗的念头；不表现自己对某种事物兴趣和欲求，老百姓就不会发生混乱。

因此，圣人的治国或治身原则是：心念不被好恶所攀附，净化心灵；涵养正气，满足基本需求；削弱自我意识（我执），恢复本性的力量。使老百姓经常保持一种纯朴安稳的心态，不去刻意追名逐利；使那些企图倚仗才智投机取巧的人，也不敢胆大妄为。如果以"无为"的原则治理国家，那么天下就不会治理不好！

【解析】老子借助名和利，剖析了人类的巧智和欲望产生的根源，从而论述圣人修身治国的基本要领。

通过一、二章我们已经知道，这里"贤"是名誉的意思，是一个名相而已。在老子眼中，贤是世俗中人所定义出来的，世上没有绝对的贤与不肖。老子认为，不树立标杆，大众就不会起争夺之心。人和人与生俱来的天赋、秉性、平台、资源都不一样，怎么可以一概而论呢，人尽其才最好。

孔子在带领学生周游列国的途中，有一次，一匹驾车的马脱缰跑了，吃了一位农民的庄稼，这位农民就把马扣住不放。弟子中子贡能说会道，自告奋勇去交涉，结果子贡讲了半天道理，说了不少的好话，农民就是不还马，子贡只好灰溜溜地回来了。

孔子见状，笑着说："拿人家听不懂的道理去游说，就好比用高级祭品去贡奉野兽，用美妙的音乐去取悦飞鸟，怎么行得通呢？"于是让马夫前去讨马。

马夫走到农民跟前，笑嘻嘻地说："老兄，你不是在东海种地，我也不是在西海旅行，我们既然碰到一起了，我的马吃你两口庄稼也不是什么大不了的事。"

农民听马夫这样说，再看看与自己相同打扮的马夫，觉得很亲切，就十分痛快地把马还给了他。如果在朝堂上，肯定是子贡贤，而就这件事来说子贡与马夫哪个贤？人尽其才就好。

统治者只要没有倾向性，老百姓就不会去争这个虚名。比如，小学生搞"学雷锋"活动，小学生抢着打扫教室，今天你早，明天我比你更早，有的甚至半夜起来去打扫，就为立头功。

《庄子·天地》:"至德之世,不尚贤,不使能;上如标枝,民如野鹿;端正而不知以为义,相爱而不知以为仁,实而不知以为忠,当而不知以为信,蠢动而相使,不以为赐。是故行而无迹,事而无传。"标枝,树梢之枝,比喻上古之世,在上之君恬淡无为;野鹿,比喻在下之民放而自得。

统治者如果不去标榜和夸大任何物品的价值,老百姓就不会拼命追逐。"难得之货",那些难得的财宝和奇货都是天下人所追求的东西,越是强调难得,人们想得到的愿望就越强烈,所以会绞尽脑汁,千方百计地占为己有,由此便会使天下人图谋不轨。就像所谓的名贵珠宝、奢侈品一样,都是人为地夸大了其价值,其实并无特殊的使用价值。如果人人都趋之若鹜,不惜一切代价去获取的话,岂不是引诱犯罪、扰乱秩序吗?

统治者也好,领导也好,如果表现出来对于某种东西的嗜好,那么下面的人就不会安心本职工作,都会想方设法投其所好,这样就会造成局面的混乱。孟子曰"上有好者,下必有甚焉者矣。'君子之德,风也;小人之德,草也。草尚之风,必偃。'是在世子。"在上位的人爱好什么,下面的人必定对此更加爱好。君子的道德,好比是风;老百姓的道德,好比是草。风吹到草上,草必定倒伏。《墨子》有寓言,说"楚王好细腰,宫中多饿死",讲的是楚灵王喜欢苗条腰细的宫女,于是众宫女为了得到楚灵王的宠爱而纷纷节食,结果饿死不少。

以上主要讲了统治者"有为"所造成的后果,那么我们应该怎么做呢?后面告诉了我们具体的做法。

"虚其心",要平心静气,忘记名利得失,扫除心中的一切私心杂念。心虚则气聚,气聚则神凝,神凝则朴生。这里的"虚其心"不是让心空着,无所事事,无所适从,而是积极主动地打扫出洁净的家园,让"良知"显现。这是转变人们的观念,实现返朴归真的必要条件,是人的能动作用的具体体现。而在物欲横流的当今社会,我们不是"虚其心",而是"实其心",权力、金钱、美色充满心田,终日心事重重,劳苦愁烦。简言之,清除杂念,回归质朴。

"实其腹","实"就是充实,道家讲阴阳,阴阳互补,一虚必有一实,当我们的心不再追逐这些外在的概念时,就会涵养正气——"实腹",用道家的话来说,这样才合于道。"实其腹"还有一层意思是满足基本需求,"为腹不为目"。

"弱其志","弱"是逐渐减弱的意思;志:是贬义词,是指对名利嗜好的执着,是削弱自我主观意志,一切顺其自然。所以老子告诉我们要逐渐地减弱我执,回归内心的宁静。只有淡化了我们的主观意志,才能进入忘我的精神境界,充分调动和发挥心灵的作用,保持身体的阴阳平衡。

在此讲一个我们现在完全与老子相反的例子——传销。传销组织通过不断地强化你的志,为你构筑成功的梦想。当被彻底洗脑之后,就开始进入圈套,最终把自己搭进去不说,害了亲戚害朋友。老子告诉我们的是高深的智慧,教我们回归真正内心的宁静。

"强其骨",回归本性,精气具足。"恒使民无知无欲也,使夫知不敢。""无知"即"无智",在这里会使很多人产生一个误解:难道老子是要我们什么都不知道吗?实则否矣,是我们误解了老子。老子后文"民之难治,以其智多","以智治国,国之贼",可见老子并不强调"智",而是告诉统治者如何回归自性。"无知"是指心,对心而言,不要自以为是,不自见,且弱化自我。"无欲"是指身,对身而言。"无知无欲"就是不执着成见,不生贪欲,其目的是让人们回归生命的本质。贪欲是人生的大敌,如果一个人被贪欲捆绑,必将会卑贱生命,身陷牢笼,"人心不足蛇吞象"。如果一个国家上上下下都在追逐名利的话,那么人人都会迷失了自性,使国家昏乱。所以,要常思贪欲之害,常怀淡泊之志,常养处世之德,常修为人之行。

"弗为而已,则无不治矣"看起来好像什么也没有做,而正是在这种把守天道的情况下,反而国家稳定,人民宁静祥和,风清气正,海晏河清。

下面再给大家讲个佛教小故事——世上最可怕的是贪欲无止境。

一天,弟子问禅师:"世上最可怕的是什么?"禅师说:"欲望!"弟子满脸疑惑。禅师说:"听我讲一个故事吧!"

有一个农民想要买一块地,他听说有个地方的人想卖地,便决定到那里打探一下。到了那个地方,他便向人询问:"这里的地怎么卖呢?"

当地人说:"只要交1000块钱,然后就给你一天时间,从太阳升起的时间算起,直到太阳落下地平线,你能用步子圈多大的地,那些地就是你的了,但是如果不能回到起点,你将不能得到一寸土地。"

这个人心想："那我这一天辛苦一下，多走一些路，岂不是可以圈很大的一块地？这样的生意实在太划算了！"于是他就和当地人签订了合约。

太阳刚一露出地平线，他就迈着大步向前疾走，到了中午的时候，当他回头已看不见出发的地方时他才拐弯。他的步子一分钟也没有停下，只是一直地向前走着，心里还在想："忍受住这一天的辛苦，以后就可以享受这一天的辛苦带来的欢悦了。"

他又向前走了很远的路，眼看着太阳快要下山了，他心里非常着急，因为如果他赶不回起点处，就一寸地也得不到了。于是，他走斜路向起点赶去。可是太阳也马上就要落到地平线下面了。于是他加紧了脚步，只差两步就要到达起点了，但这时他的力气已经耗尽，倒在了那里，倒下的时候他的两只手刚好触到了起点的那条线。那片土地归他了，可这又有什么用呢，他的生命已经终结了。

禅师讲完，闭目不语，弟子则从这个故事中知道了"世上最可怕的是什么"的答案。

世上最可怕的是贪欲无止境。有欲望不是错，欲望过盛，就会自寻烦恼，自招痛苦，甚至引来灾祸。这一切，都是我们那颗不听话的心在作怪。如何避免这最可怕的东西降临到我们身上？掌控好我们的心，让心听自己的话，不被贪欲蛊惑

本章老子给统治者明确了三条戒律：一是不标榜贤能；二是不看重名贵物品；三是不表现自己的嗜好。

第四章

道冲,而用之又弗盈也。渊呵,始万物之宗。
挫其锐,解其纷,和其光,同其尘。
湛呵,似或存,吾不知其谁之子也,象帝之先。

【译文】道是阴阳运动变化的中和之气,这种中和之气大化流行,生成万物,生生不息,但始终不感到自满。它深不可识啊,是万物产生的源头。

阴阳二气相互作用可以消除万物的锋芒,化解万物的纷争,含敛万物的光芒、让万物和谐共存于纷繁复杂的尘世间。

道虽然深沉而隐没,却好像早已存在。我不知晓"道"是谁的孩子,好像在天帝之前就已经存在了。

【解析】本章老子主要是阐释"道"的基本特征和作用。道是阴阳运动变化的中和之气,即造化机制。道凭借阴阳二气的变化生成宇宙万物,尽管这个过程生生不息,绵绵不断,但它从不自满。

《易经·系辞》中说:"一阴一阳之谓道。"世界上千姿百态的万物和万物的千变万化都是阴阳相互作用的结果。阴阳是气,"通天地者一气耳",阴阳二气此消彼长,不仅是宇宙运动的总规律,也是宇宙运动变化的最初始因。《道德经》第四十二章说："万物负阴而抱阳,中气以为和。"阴阳是统一于事物内的两个方面,因其无休止变化的缘故,它们之间的和谐是有条件的、暂时的、过渡的,因而是相对的,不和谐是绝对的。但是不和谐的程度,可以表明事物恶化的程度。"中气",就是对万物重要的调控作用。"和",是阴阳消长平衡的结果。"中气为和",就是客观规律作用于事物内部矛盾的两方面,"高者抑之,下者举之,有余者损之,不足者补之",通过其变化使之在新的层次上达到新的和谐。所以,大到自然界,小到一个具体事物,都是运用着这条自然规律在这种动态的调节中维系着自身的平衡。阴阳二气相互作用绵绵不断,永不停歇,但从不自满。这就是我们中华民族的精神——自强不息。

"渊呵,始万物之宗。"《管子·形势解》:"渊者,众物之所生也。"像万物的起源一样,"宗"是祖宗,是万物的源头,就是说道是万物的造化规则或造化机制。

"挫其锐,解其纷,和其光,同其尘。"是说宇宙万物之所以能够和平共处,主要是依赖道的制衡功能来调和,因为万物各有各的个性,它可以削弱锋芒,化解纷争,抑制光芒,使他们相互包容,融为一体,打成一片。

"湛呵,似或存",阐明了道的空间属性,若隐若现,却又好像早已经存在了。

"吾不知其谁之子也,象帝之先",阐明了道的时间属性。"有物昆成,先天地生"。"象"在古代一般都指天象,古人把东、南、西、北四方每一方的七宿想象为四种动物形象,叫作"四象",也称

"四帝"或四个神位。老子说：我不知道"道"是谁生的孩子，但是我敢说，"道"是天空中所呈现出来的众多星象的祖先，也就是宇宙的祖先。

第五章

天地不仁，以万物为刍狗；圣人不仁，以百姓为刍狗。天地之间其犹橐龠舆：虚而不渴，动而俞出。多闻数穷，不若守于中。

【译文】天地没有分别心，把万物视为献祭的刍狗，心存感激而不占有；圣人也没有分别心，将百姓视为献祭的刍狗。敬畏而不索取。

天地之间就像一个辅助燃烧的大风箱，虽然中间空虚却能量无穷无尽，一旦运动起来其功用越来越显现。

圣人在治国理政过程中，与其多方了解信息，研究应对策略，不如回归自性，持守中道，也就是顺应规律，辅助民众。

【解析】老子在本章继续阐释道的特征、特性，用"不仁"来说明道是没有分别心的，对万物一视同仁；用"橐龠"来说明道本性是空，空是一切万物的本源，空中妙有无穷，其作用是辅助万物成长。

先看,"天地不仁,以万物为刍狗"什么意思?"仁"是儒家的核心概念,是指人与人之间的关系。孟子的解释是亲亲、仁民、爱物,就是有差别的爱。而老子的"不仁"则是提倡无分别的爱,万物一律平等。自孔子以来,我们一直提倡"仁",为什么这里却将"不仁"与天地、圣人相提并论呢?原来,只要到了"仁"的层次,就有分别心,而分别心一来,各种各样的社会问题就没完没了。天地平等地善待一切众生,不需任何主宰者来命令和安排。不管是美国还是叙利亚,阳光都同样的普照;不管是以色列还是巴勒斯坦,雨露都同样的滋润。

总之,天地对任何人和事物都没有偏爱、没有私心,这就叫"天地不仁"。

"刍狗",是用稻草扎的狗,是祭品。祭祀的时候"刍狗"是受人尊敬的,当祭祀结束之后就变成了废物。这里是说天地对待万物不分亲疏贵贱,都像对待"刍狗"一样。圣人也一样,对老百姓一视同仁,没有差别。这里,绝对不是说圣人没有爱心,对百姓的疾苦麻木不仁,熟视无睹,而是指圣人怀着公平心和敬畏心去辅导和帮助大家做事,就像天道对万物一样,辅助万物成长。

老子说:"天地之间,其犹橐籥舆:虚而不淈,动而俞出。"首先解释什么叫"橐籥"?橐即囊,指皮作的口袋;籥指通风管道。"橐籥"就是皮囊做的风箱,当年在冶炼技术大发展的时候,发明了鼓风机,唐宋以后开始出现木质风箱了。"淈"同"屈",竭也,尽也;"俞"同"愈",更,越之意。皮囊空虚,内无实物,用脚踩踏,会不断鼓风。

老子之所以用"橐籥"来设喻,是为了体现"道"的虚空性和无限性特征,"橐籥"看似中空,但充满了化生万物的阴阳之气,取之不尽,用之不竭。这是"道"生万物的机制。"橐籥"的作用就是帮助燃烧,这里老子是用来说明道对之万物起"辅"的作用。在《道德经》第六十四章"辅万物之自然而弗敢为",而"橐籥",它的作用同样体现在"辅"上,辅助燃烧。而后面的"虚而不淈,动而俞出。"则是在描述这种功用的作用方式。

　　所以,老子说天地之间就像风箱一样,虽然它中间是虚的,但是它不会塌陷,当阴阳发生变化之后,就会产生出无穷妙有。沈善增先生在《还吾老子》中解作:"多"与"数"对举,均为多意;"闻"与"穷"对举,"穷"为穷究之意。"多闻数穷"可理解为不耻下问,深入探究。"中",中和之意;《中庸》:"中也者,天下之大本。"这里比喻天道。《性命圭旨》:"在于深根固蒂,守中抱一而已。"何谓守中?曰:"勤守中,莫放逸,外不入,内不出,还本源,万事毕。"故老子所谓守中者,守此本体之中也。宇宙万物像风箱一样,从无中、从空中不断的生出有来,生出无数的万物。这时候你去探求万物是没有头绪的,你要从根上找。所以这句话的意思是,下功夫学习探究,不如领悟天道。

第六章

浴神不死，是谓玄牝。玄牝之门，是谓天地之根。
绵绵呵若存，用之不堇。

【译文】溪流源源不断地从空旷的山谷流出，从未停歇，就像母性繁衍后代一样生生不息。母性的这种造化功能，乃是天地万物产生的根源。连绵不绝啊，其中蕴藏着万物造化的基因，这种造化功能用之不尽。

【解析】本章老子进一步揭示了道是宇宙的本源和万物之母，它绵延不绝，妙用无穷。

老子用"浴"来设喻。那么"浴"是何意呢？一曰空虚；二曰江海之源头。第六十六章："江海之所以能为百浴王者，以其善下之，是以能为百浴王。"浴：世传本为"谷"字。对于"谷神"，多数注家认为是老子的"道"。《大戴礼记·易本命》："丘陵为牡，溪谷为牝"。所以此处的"浴"应指溪水之谷。同时世传本"谷"，解为"溪谷"亦可。老子用溪水从山谷流出而汇入江河，来比喻"道"作为天地之根生成万物。此处的"神"应理解为道具有神奇的造化功能。司马光《道德真经论》："中虚故曰谷，不测故曰神，天地有穷而道无穷,故曰不死。""玄":有、无;"同谓",共同定义为"玄"。第一章:"无,名万物之始也;有,名万物之母也。"我们再结合本句的"是谓天地之根"则不难发现它们之间的联系了,万物之始、之母不正是天地之根吗?所以"玄"古通"元",元,始也。"牝"指母性。"玄牝"是指母性繁衍后代的因子。"浴神不死,是谓玄牝。"是比喻源源不断的溪流汇入江海,就像道生万物一样生生不息。

"天地之根",宇宙万物产生的根源。"绵绵呵若存,用之不堇。"此句"堇"世传本为"勤",难解。"堇"为少意。连绵不断,其中蕴藏着生成万物的因子,怎么用也不会减少。

第七章

天长地久,天地所以能长且久者,以其不自生也,故能长生。是以圣人退其身而身先,外其身而身存。不以其无私与,故能成其私。

【译文】天地可以长久存在。天地之所以能够长久,是因为它不为自己谋生,所以能够长生久视。因此,有道的人,懂得谦让退后,反而可以成为领袖;懂得把自身的成败得失都置之度外,反而可以保全自身。正是由于不自私,反而能够成就自身的功业。

【解析】本章是继第五章之后,再一次赞扬天地的美德。充分体现了先秦道家"明天道以喻人事"的思维方式,老子赞美天道的无私无为,是为了推及人道,希望世人识天道,去私利,成大业。

老子上来就讲"天长地久"。这个话很让人感慨,天地是如此的长久。的确相对于个体生命来说,天地是最长久的。所以,从古至今有多少人希望自己的生命、爱情、基业能够天长地久,可是都未能实现。所以,白居易在诗中写道:"天长地久有尽时,此恨绵绵无绝期。"人不能长久,天地为什么能长久?老子给出了答案——"不自生"。"不自生"有两层含义:一曰,不自执其生。就是说天地的生成及其运行不是自身刻意安排的,完全是自然而然的。天地的状况时刻在变化,而它能够超越于任何状况而存在,卫星上天了我还存在,发生地震了我还存在,所以可以长生。二曰,天地不会违背道而自行其是。天地是客观存在的自然,它由道所生,并遵循道的规律运行,体现着道的本质特征。在老子的理论体系中,天地的功能在于生养万物。所以天地在这里是为了生养万物而存在,而非为了自己而存在。因为天地有博大的胸怀和至公无私的大德,不自贪,也不自益其生,因此能长生。进而在后面要求"圣人"遵循这一原则,不以自己的"私"而存在,而为了百姓而存在。

"不自生"是对自我境况以及与之相关利益的一种放任态度。为下文的"退其身""外其身"埋下了伏笔。人在为自己谋生,所以都会有生老病死,而唯独天地,你看到它成长了吗,茁壮了吗,索取过吗?都没有。所以,不为自己谋求,反而成就自己。人世间,世事无常,人情难料,领导者只有去除我执,放下名利,顺其自然,才可以成就自己,造福人类。

"退其身"是指什么?"进道如退",在此"退"的应该是"私"——功名利禄。圣人之所以成为圣人,就是能效法天地的法则立身处事,将一己之私统统抛在脑后,为天下众生无私奉献,鞠躬尽瘁,德行万民景仰,精神光照千古,从而达到"三不朽"(立德、立功、立言)。

举个例子,明代的王阳明是著名的思想家、文学家、哲学家和军事家,陆王心学之集大成者,精通儒家、道家、佛家。《明史》称赞王阳明说,"终明以来,以文臣用武功者,守仁为第一人"。身经百战没败过一场,其中最大的仗是什么?平定宁王叛乱。宁王率六万大军,从南昌起兵,北上直攻北京。当时王阳明作为汀赣巡抚,听说朱宸濠叛乱,他带领自己3000人马和地方民兵开赴前线前与朱宸濠决战,仅用了43天的时间就把宁王的部队打得落花流水,并生擒活捉了宁王。

王阳明为什么能以少胜多?他评价自己,说我当时也是命悬一线,稍有不慎就会被碾为尘土粉齑,所以他知道自己当时身处险境。为什么在这种情况下,他敢做这个决定?因为他用良知去感知正义,国难当头,临危不惧,镇定自若。也就是他所说的"内心不动,见机行事"。王阳明去逝时,学生问他,说你给大家留一句什么话?他就留了一句话,即"此心光明,亦复何言"。

正是由于老子"退其身而身先"的思想,才有了后来范仲淹"先天下之忧而忧,后天下之乐而乐"和孙中山"天下为公"的豪迈誓言。

"外其身而身存"就是说，圣人要把"身"置之于"私"之外，因为"圣人恒无心，以百姓心为心"。把成败得失置之于自身之外，才能让自身长久存在。就是说，放低身段，胸怀宽广，外界的能量才会前来汇聚，把自己的利益搁在一边，懂得先人后己，这样才能成就你自己。

如果心里只装着自己，那么就会失去客观公正。没有公正，就得不到支持和拥护，对抗的力量也就会随之出现，事业很难成功，甚至会因为触犯他人利益，而受到惩处，得不偿失。这个世界是个整体，就像一个天平，偏重任何一端，都是会倾覆的。所以，高明的人，能够在自身和他人之间，找一个平衡点，这样才能走得稳、走得远。

以日本为例，据日本东京商工研究机构的调查数据显示，截止2016年，日本全国超过100年历史的老店铺和企业竟达33069家之多，比2012年的调查增加了5628家。日本千年以上的企业有7家，最老的企业是木造建筑行业的"金刚组"，距今已有1439年的历史，日本可谓世界长寿企业的国家。再看看我们中国，最古老的企业是成立于1538年的"六必居"，之后是1663年的剪刀老字号张小泉，再加上陈李济、广州同仁堂药业以及王老吉三家企业，中国现存的超过150年历史的老店仅此5家。此外，中国中小企业的平均寿命仅2.5年，集团企业的平均寿命仅7~8年，与欧美企业平均寿命40年、日本企业平均寿命58年相比，相距甚远。

日本人天生性格追求极致完美、严谨、执着、精益求精，当自认为技术还不够完美时不会轻易出厂。在技术研发方面，日本有三个指标名列世界第一：一是研发经费占GDP的比例列世界第一；二是由企业主导的研发经费占总研发经费的比例世界第一；三是日本核心科技专利占世界80%以上。还有更重要的原因就是日本的"工匠精神"，信誉至上，用户第一。日本企业要求车间的地板每天要清洁十次，这样才能保持环境的清洁和产品的品质。日本工人听了以后，保证每天十次，一次不少，坚持不懈。换成我们自己会怎样？头三天十次没问题，一个星期过去，十次就变八次，慢慢地八次变五次，最后一周一次也保证不了。我们连一个最基本的事情都是如此，很多的技术指标、细节，就是在这样的自我松懈中变形，进而影响产品的品质和企业信誉。由此我们不难得出一个结论，日本人是做事，而中国人是赚钱。正因为不为自己，反而能成就百年。请注意，在这里我并不是崇洋媚外，也没有赞扬日本，贬低自己的意思。我是想通过这个例子来说明"不以其无私与，故能成其私"的道理，以引起国人的警觉，从而为"中国制造"加油！

第八章

　　上善若水，水善利万物而有静，居众人之所恶，故几于道矣。居善地，心善渊，予善天，言善信，正善治，事善能，动善时。夫唯不争，故无尤。

【译文】做人做事的最高境界像水一样,水对万物既有充分发挥其作用的一面,又有平静的一面;总是处于众人所厌恶的低下的地方,所以很接近于道。

水顺流而下,汇集于低洼之处;水空虚静默而深不可测;水泽被万物却不求回报;水依照季节该降则降;水涤荡污秽,公平公正;水随方就圆,形态各异;水总是随着节令而变化。

正因为水与万物无争,所以不会有过失。

【解析】本章老子提出了一个"上善若水"的著名命题,以水喻道。意思是,道的特点和水很相似,哺育万物而不求回报,自己总是停留在众人所不喜欢的低洼的地方,所以很接近于道。德之体为道,德之用在善。

"上善若水。"先说一下什么是善,一提到善,多数人第一印象马上联系到好人好事,助人为乐,捐款捐物,救急救难等等,没错,这都是善。但是,在《道德经》全书中,所有的"善"字,很少有单纯地指人伦意义上的那种善良,在老子的眼中并没有善恶之分。那么,上善若水的"善",应该怎么理解呢?善,会意字,从羊;本意是吉祥。善,吉也。意思是,美好的,高明的。"上善",意即最接近道的状态,最高明做人做事的方式,最正确的行为。准确地说,遵循客观规律,遵循自然法则,这才是"善"。

老子的"上善若水"命题应该有三重含义:一曰"善利万物",水是生命之源,在自然界万物的成长都离不开水,植物有水才能生长,动物有水才能维系生命,地球上的任何生命,说到底都是碳水化合物。社会发展也离不开水，人类最早就是逐水草而居，有水才有城市乡村，有水才有舟楫之利。因此，有水才有人类的一切社会活动。天道至公，惟与众生，孕育万物而不求回报。

二曰"有静"。"人莫鉴于流潦而鉴于澄水，以其清且静也"（《文子》），当水居于一处，无风之时，水面清澈而又平静。通行本为"不争"，是"处高就低"，也就是没有自己的私利，水是大公无私的象征，无偿地滋润万物，绝没有自己的一己之私；自己总是从高处流向低处，并且甘于停留在低洼的地方。

三曰"柔弱"。水没有形状，没有硬度，没有颜色，没有味道，但它有流水不腐的天性和水滴石穿的特质。

老子之后的孔子，将水的"上善"特性进一步系统归结为九种美德：子贡问曰："君子见大水必观焉，何也？"孔子曰："夫水者，启子比德焉，遍予而无私，似德；所及者生，似仁；其流卑下，句倨皆循其理，似义；浅者流行，深者不测，似智；其赴百仞之谷不疑，似勇；绵弱而微达，似察；受恶不让，似包；蒙不清以入，鲜洁以出，似善化；至量必平，似正；盈不求概，似度；其万折必东，似意；是以君子见大水必观焉尔也。"意思是因它周流不息，能滋养一切生物，好像有德；流必向下，不倒流，或圆或方，遵循自然规律，好像有义；浩大无尽，好像有道；流向几百丈山涧毫无畏惧，好像有勇；安放没有高低不平，好像守法度；量见多少，不用削刮，好像正直；无孔不入，好像明察；发源必自西一路向东，好像立志；取出取入，万物就此洗涤洁净，又好像善于变化。水有这些好德行，所以君子遇水必观察、体悟、效仿。

"上善若水",作为最高明的行为方式,历来为志士仁人所崇仰。

本章还有一个关键字是"利",这里不能理解为利益,因为道的作为是无心而为,视万物为刍狗。如果水有利他之心,那么怎么还会有水患呢?所以,"利"是指充分发挥物的作用。水可以渗透万物,滋润万物,也能摧毁万物。所以,在老子眼里没有利害之分。

老子用水的品行来比喻君德:"居善地,心善渊,予善天,言善信,正善治,事善能,动善时。"

"居善地",是说水善于处在正确的位置。什么位置呢?——低处。水往低处流,放低姿态,低调做人。也就是说,低调谦和,是合乎天道的。我们习惯说,人往高处走,可是老子不这么认为,所谓"明道若昧,进道若退"。有道之人和世俗之人行事不同,他们往往反其道而行之,因为境界不一样,认知不一样,所以,选择就不一样。人都争先恐后地攀高,水却义无反顾的选择低处。就像曾国藩说的一样——众争之地勿往。

"心善渊",指心性的修为,前面是行为方式,接着讲心胸。深渊的特点是什么呢? 宽广、深厚,可以容纳一切,深不可测。老子以水比"道",以水比心,以心比"渊",把心看作像"渊"一样深远而难测。是说欲成事者,必须要有远大的志向、广阔的胸怀和大度豁达的雅量,处惊不乱,报怨以德。法国著名诗人雨果有句诗"世界上最宽阔的是海洋,比海洋更宽阔的是天空,比天空更宽阔的是人的胸怀。"大度为上,只有具备豁达的度量,人们才会像大海那样笑纳百川,像高山那样巍巍矗立,笑傲人生,搏击未来。

"予善天"，就是要学习天的品德，关心帮助别人而不奢求任何回报。

"言善信"，老天降水规律性很强，依时按候，从不失信。做人要诚实守信，凡说出的话，都要兑现，不能朝令夕改，"一言既出，驷马难追"，信守承诺代表一个人品行。人就是要学习水诚实无伪的态度，言行一致，表里如一，牢记人无信不立的格言，把信守诺言作为立身之本和人格体验。

"正善治"，就是要学习水公平正直的品质，及时校正自己的行为。善于采用公平公正的标准来协调管理。水可以洗净污垢，善于冲刷，不管多脏，水都可以还原其本来面目，这就是善治。另一方面，我们都知道水平线，是以静水表面为参照标准，体现了水的公平公正。

"事善能"，水到底有没有能力，水可以做什么？水是生命之源，水也是动力之源，也可以把水当成各种各样的工具来使用，什么事情都可以做，这也是儒家所说的"君子不器"。现在我们年轻人就业，挑肥拣瘦，今天环境不适合，明天专业不对口，问题一大堆。而水不是这样，水的性质是随方就圆，随遇而安，让我发电我发电，让我舂米我舂米，让我干啥我干啥，无怨无悔。所以要学习水，办事要讲究方法，未雨绸缪，玉汝于成，图难于易，为大于细。

"动善时"，学习水应时而动，但又不失时机的美德。水根据时令的变化而变化。时而为云，时而为雨，时而为雪，时而为冰，随顺自然，应时而变。成就事业要善于发现机遇，及时抓住机遇，机不可失，时不再来。

正因为水的行为是天性使然,不加任何造作,利益万物而无争,所以才不会有过失。

老子提出的这七条"上善若水"的准则,对于今天人们修身养性,成就事业仍然具有重要的指导作用。

第九章

殖而盈之,不若其已;揣而锐之,不可长葆之;金玉盈室,莫之守也;富贵而骄,自遗咎也。功遂身退,天之道也。

【译文】器皿里东西盛得过满,不如适可而止;捶打器物使之更加锐利,是无法长久保持它的锋芒的;满堂的金玉财宝,没人能够守得住;富贵之后傲慢放纵,是自己种下祸根。功成事遂之后不认为自身有功,不把自己凸现出来,这才是天之道。

【解析】本章主要论述了适可而止的道理。对常人来说,每当名利当头的时候,没有不心驰神往的,没有不趋之若鹜的。所以,老子在这里就明确指出知进而不知退、善争而不善让的祸害,希望我们把握好度,不要把事情做得太过,不要被胜利冲昏头脑。

事物的发展往往向着自己的反面转化,否泰相参、祸福相位。古今中外的历史上长盛不衰能有几人?所以,老子奉劝我们趁早罢手,见好即收。在事情做好之后,不要贪婪权位名利,而要收敛意欲,含藏动力。可是有些人就是不听话,贪心不足,居功自傲,忘乎所以,结果身败名裂。

老子用三种自然现象作比喻:器具盛物过多过满,必然外溢流失,不如适可而止,引喻人心不能过贪,贪欲过盛,得不偿失。道理一说就懂,而能知止者少之又少,官至高位,仍嫌不高;富至亿万,仍嫌不多,利禄惟恐其不长,福享惟恐其不厚,欲壑难填,永无止境。

捶打器物使之更加锐利,无法长久保持其锋芒。就是过利之刃必有钝折之害。这是形容一个人如果有能力而不知谦虚包容,有权势而不知谦和退让,有财富而不知适可而止,最后终不能长保而自取毁灭。山不解释自己的高度,并不影响它耸立云端;海不解释自己的深度,并不影响它容纳百川;地不解释自己的厚度,并不影响它承载万物的地位。

老子说,即使财富积累得盆满钵满屋满,非常丰厚,但是很难保得住,总有一天会散失殆尽。古人说"富不过三代""创业艰难,守成不易",多少财富都是过眼云烟。告诫大家重财不如重道,守金不如守德,留得青山在,不怕没柴烧。清代中兴名臣曾国藩的外孙聂云台,在上世纪四十年代写了一部书叫《保富法》,记录了上海上世纪三、四十年代的二十几家富人的兴衰史。以他个人一生接触,亲眼看见的两类人物为例,其中一类是与曾国藩同时代的一批做大官的人。如李鸿章、左宗棠一类的人,他对这些家庭都很熟悉,他观察了这些家庭的兴衰成败。有些家庭第一世做大官、发大财,第二世家破人亡；有些家庭子孙很好，能够继承家业，若干代下去都还出人才，保有财富，保有社会地位。他的结论是，种什么因，结什么果。如果你要希望子孙代代都有钱，那需要懂得种布施的因。布施是培福，布施是开源。又要懂得惜福，爱惜福报，不浪费，不奢侈，那么自然家道昌盛，后继有人。

所以，以贵而骄人，持富而奢侈，必然招灾惹祸。是说富贵使人骄傲，得意容易忘形，人当有谦卑处下之德，富贵之荣，不足为乐，才能永立于不败之地，免招怨尤之患。

老子说，人建立了功勋，有了功劳，不能居功自傲，更不能贪天之功据为己有。这里的"退"就是"不争"的意思，不争名、不争利。

上古时代，因为尧帝不以有天下为贵，所以传之于舜；舜帝亦不以得天下为尊，故让之于禹。圣人不以有天下为贵，天下还有何等贵重之物可以累及吾心呢？今天的人们真应该觉醒，尽早走出名利的藩篱，享受自在快乐的人生。

第十章

载营魄抱一，能毋离乎？抟气致柔，能如婴儿乎？涤除玄监，能毋疵乎？爱民治国，能毋以为乎？天门启阖，能为雌乎？明白四达，能毋知乎？

生之，畜之，生而弗有，长而弗宰，是谓玄德。

【译文】全身心体道悟道，能做到心身不分离吗？涵养精气使身体完全放松，能柔软得如同婴儿一般吗？洗心涤虑，反观内照，能没有一点杂念吗？启动心性的中枢，能展现柔弱无为的智慧吗？安邦治国，能做到无私心而为吗？明白事物方方面面的道理，能够达到"大智若愚"的境界吗？

"道"虽然化生万物，养育万物，但是它化生万物而不据为己有，统领万物而不宰制，这就是"道"的行为和品德。

【解析】本章主要讲了修身得道的功夫，六个设问句既是人所共有的问题，也是修身的具体步骤，老子并提出了每一步所要达到的目标。最后让人回归道性，进入"玄德"境界。

一是身心合一。人们的心神习惯放逸，神不守舍，由此给这个世界，更是给人们自己带来了无穷无尽的麻烦和祸患。老子要求人们的身心始终保持一种阴阳和合状态，这样就不会被外物所攀附。"载"：如车之载物，物必随车而行。营：指一个人的血气。"魄"：古指依附于人的形体而存在的精气神。营魄这里应该指身心。问题来了，身心为什么要抱一？所谓"抱一"者，"一"为阴阳合抱之太极。太极为无极所生，即太和之元气。"抱一"就是与道合一，即天人合一。因为我们人，七岁之后身心开始分离，随着知见的增长，越来越严重。所以出现了好多成语，如行尸走肉、神不守舍、身在曹营心在汉等等。七岁之前的小孩子由于身心合一，所以活得很自在、很真实，该吃就吃，该玩就玩。修行到一定程度的大和尚也如此，饥来食、困则眠。老子给普通人出了一个主意，就是能不能把分离的身心抱在一起。这个"一",就是阴阳平衡的状态。"天得一以清;地得一以宁;神得一以灵;谷得一以盈;万物得一以生;侯王得一以为天下正。"(第三十九章)我们的身心由于受五音,五色,五味的诱惑经常处于分离状态,在这种情况下,老子让人了解自己的身,了解自己的心,并且把它变成抱元守一的状态。

二是凝聚精气。将全身的精气聚于一处,使整个人呈现出柔和平衡的状态,就像初生的婴儿一样,天真自然、生机勃发。阴阳混一的先天一气在人体里起的作用,就像《黄帝内经》中说的"阴阳者,万物之能始也"。阴不离阳,阳不离阴,是万物出生形成的原始能量。先天一气中阴阳二气相冲而成和气,当人体处于这个状态,生命力最强。"抟",揉捏之意。"气"指精气、元气。人能抟守精气神使其不乱,则体内真气充盈,形体就能温和而柔软。常人因私欲妄念所扰,心神散乱,不能专一,导致神气不和,母子失守,阴阳不交,心神不宁。练太极拳很重要的一点是练气,初级阶段,以拳引气;高级阶段,以意导气。练到一定程度,当内气充盈全身,身体就会变得柔软、灵活。婴儿也是这个状态,一走路就摔跤,他怎么摔都没事,大人摔一跤则不然,不是伤筋就是动骨。所以要"抟气致柔",然后达到像婴儿那样的最佳状态。"骨弱筋柔而握固。未知牝牡之合而朘作,精之至也。终日号而不嗄,和之至也。"(第五十五章)是说小孩子的筋骨柔弱,但拳头却握得很牢固。他虽然不知道男女的交合之事,但他的小生殖器却勃然举起,这是因为精气充沛的缘故。他整天啼哭,但嗓子却不会沙哑,这是因为和气纯厚的缘故。老子希望人们能够恢复元气未散、乾体未破、神气合一的婴儿状态，达到无欲无知，无忧无虑，无私无邪的超然境界。

三是清除杂念。就是要完全沉静下来，放空自己，反观内照，去除杂念，做到心境清净无瑕疵。这种极限的状态也许只有少部分人才能做到吧？对于我们现代人来说，如果能够消除过多的欲望和奢求，保持内心不至于疲惫，那么就可专心致志地做事情，并能取得事半功倍的效果。"监"同"鉴"，照映、明察。《尚书·酒诰》："人无于水监，当于民监。"古代用一盆水或一块铜镜来正衣冠。"玄"前面已经讲过，是指万物最初始的本源。所以"玄监"则是对事物本源的认识。"修除玄监，能毋疵乎？"我们的心灵本来就是清澈透明的，然而由于受到后天的染污，夹杂了许多不需要甚至有害的东西，老子希望我们把它擦拭干净，恢复到初始的状态。就是洗心涤虑，一尘不染，良知显现。

四是自然无为。治国理政能达到自然无为的境界吗？就是"以辅万物之自然而弗敢为"，遵循万物的自然本性而不会妄加干预。治国如治身，治身中之"国"，首以治心。治心才能治气，治气方可治身。治国者，当以德为本，以德化民，使天下归心，人民幸福，长治久安。"无为"，并非什么事都不做，而是遵循事物发展规律的智慧，没有任何矫揉造作的痕迹；是集思广益、博采众议的取裁，而不是个人的主观臆断。现实生活中人人都想有所作为，而有为往往会固执己见，感情用事，不合道性，故难以避免产生弊端。即使有爱民之心，其爱必不能公允。以有知有为之法治国，虽可以取得一时之效，但难以服众，基业不会长久。秦始皇有为，统一六国后的江山不过十余载。所以前人云："有为般般假，无为处处真。"其中内含着甚深的天道之理，可惜世人不知，而盲目行事。

五是清静自如。身体感官不接触外物，无论外界如何变化，都能保持沉静平和的状态。"天门"，是指人头顶上的百会穴，泛指心源性海，像今人在屋顶上架设的电视天线，可联通宇宙。可引申为感官系统。"启阖"，即阴阳动静的变化，像门一样有开有合。人的天门中枢是心，心为人一身阴阳动静变化的总开关。婴儿时"囟门"是软的，人长大以后，此门逐渐硬化封闭，先天能量渠道阻塞。一旦天门打开，不仅可以吸纳宇宙能量，而且能够智慧显前。"雌"有柔弱、包容、厚德之意，有自然无为的品德。比如母性孕育后代，只要完成受精卵这一步就行了，染色体会自动复制，胎儿什么时候长眼睛，什么时候长头发乃至最终长成什么样，都不是母性所为，完全是一个自然过程。所以，"雌"是一个包容性非常大的概念，只有有智慧的人，才能保持这种"知其雄，守其雌"的状态。这句话的意思是眼、耳、鼻等感官，与外界事物接触时，而心不动，始终能够保持"清静"的境界。人心难测，变化无常。只要与事物一接触，喜怒哀惧爱恶欲等七情就随感而发，终日不得安静，常常沉溺于烦恼的苦海，不得自拔。如果心渊纯净，不被情染，性海圆明，不为物牵，那么就可以进入清静自如的境界。

六是洞察天机。老子告诉我们，只有摒除私心妄念，丢弃奸诈巧智，才能洞察天机，通达四方。《庄子·大宗师》说"其嗜欲深者，其天机浅。"欲望过高过大，深陷欲望之海中不能自拔的人，就会失去生命中的灵性与智慧，错过人生中许多好的机缘。通过修炼，如果达到了天人合一的境界，那么就会真我回归，智慧现前，也就是"不行而知，不见而明"，足不出户便可以知晓天下。当人能够洞察宇宙万物运行规律，通达人情事理的时候，凡事都能依道而行，为人处事就不用枉费心机，就像阳光雨露一样，自然而然地惠及万物。

最后老子提出了"玄德"的概念。天地以阴阳五行化生万物，圣人以道德滋养万民。天地造化雕刻万物之形，养育万物之体，皆是自自然然，未曾以有心而化生，亦没有以私心而施德，更没有造化万物而据为己有。万物依赖道而生，天地养育万物完全是道性使然。"德"指合乎"道"的行为，是道的载体和呈现。"玄德"是指最本真的心性，也就是所谓的良知。"玄德"是道性完美的自然体现，无后天主观意识的痕迹，是与道自然结合的至诚之德。天地养育万物，为万物提供的阳光、空气、水，是须臾不可或缺的物质能源。天地施予万物的恩德无量，但它不主宰、不占有、不图报。"道"在孕育万物的过程中发生着作用而又看不见它的具体行为，左右万物运行而又不支配万物。正所谓"道，泛呵，其可左右也，成功遂事而弗名有也。万物归焉而弗为主，则恒无欲也，可名于小；万物归焉而弗为主，可名于大。"（第三十四章）。

当今世界，人们的占有欲极强，名誉地位观念根深蒂固。做了一件好事，唯恐别人不知，唯恐人不谢，故意大肆宣扬。其实人心自有天良在，王婆卖瓜，何须自卖自夸？

在前面，老子按顺序先后从修身、修心、练气、修智到爱民治国提出了对领导者的要求，最后重申这些要求的总的原则就是"玄德"——道的行为和品德。

第十一章

卅辐共一毂，当其无，有车之用也；埏埴而为器，当其无，有埴器之用也；凿户牖以为室，当其无，有室之用也。

故有之以为利，无之以为用。

【译文】三十根辐条固定在一个轮毂，因为中间有孔，车子才能派上用场；烧制陶土做成器皿，因为器皿有空间，方有利用价值；建造房屋，因为留有门窗，方能居住。

所以，有形的实体能给人们提供便利的条件，无形的东西或空的部分能发挥其潜在的作用。

【解析】本章的核心问题是"有之以为利，无之以为用"，即"无"和"有"的辩证关系。无和有既相互矛盾，又相互依存。没有"无"也就无所谓"有"，本章旨在阐明"无"和"有"的对立统一关系。

老子先以车毂为例：担当重任的车毂，它之所以能转动，是因为中心有一个小圆孔，可以插进车轴，使车子能够远行千里，承载重物，旋转不休。如果没有"无"的部分，"有"也发挥不了作用。另一个例子制作陶瓷器皿。用水将粘土和成泥，烧制成如盆、缸、罐之类的器皿，之所以器皿有用途，是因为中间是空的。第三个例子是建造房屋。人们起房盖屋的时候，都要设计门窗，其作用是方便出入，通风透气，采集日光。如果房屋没有门窗那就失去了居住功能。

通过以上三个例子得出一个结论："故有之以为利，无之以为用。""无"和"有"的关系是相辅相成的，二者相互依存，缺一不可。车的轮毂、器皿外形、房屋的墙壁都是"有"——有形的东西，它们给人类带来了便利条件，正是有了这些条件，才使"无"——无形的东西、空的部分能够发挥作用。"有"和"无"的关系就是利和用的关系。我们现在所说的"利用"一词，就是来源于此。利是使用价值的前提条件，用是使用价值的决定性因素。因此，利和用的关系是相互依存、不可分割的。有"有"就有"无"，有实就有虚，它们不存在先后、主次之分。

"道"存在于"有"和"无"的对立统一的关系中。在现实生活中，一般人只注重看得见东西，而忽略看不见的东西。任何事物都是一体两面，认识事物要用辩证思维，全面剖析，不能以偏概全。比如我们坐飞机，往往是在享受飞机带来的快捷和便利，很少有人会想到空气动力学、材料学和设计制造技术。可是正是由于这些强大的科技支撑，才使飞机能够安全飞行。所以，老子启示我们，既要看到物质层面的东西，还要重视精神层面的追求。同时，也启示我们做人要虚怀若谷，胸怀像山谷一样空旷，善于接受别人意见、建议。谦虚的人懂得尊敬别人，包容别人，因此会集众志而成城。反之，骄傲自满人，自以为是，孤军奋战，难成大事。

"有无相生",是中华民族极具辩证意义的价值观,"有"和"无"既相辅相成,又相互转化。无论是一个人,一个国家还是一个民族,其生存和发展不仅仅要靠硬实力,很大程度上还要靠软实力。一个人的强大,靠的不是力量,而是智慧。一个国家、一个民族的强大,靠的不是地大物博、人口众多,而是科技实力、文化实力和民族凝聚力。

第十二章

五色使人目盲,驰骋田猎使人心发狂,难得之货使人之行妨,五味使人之口爽,五音使人之耳聋。是以圣人之治也,为腹不为目。故去彼取此。

【译文】当一个人的眼睛被五颜六色的东西充斥时,就会变得眼花缭乱;当一个人纵情于猎场时,很容易让自己的心性狂乱;当一个人面对奇珍异宝的诱惑时,往往会做出妨害别人的行为;当一个人经常痴迷于美味佳肴时,很容易让味觉出现差错;当一个人长期沉醉于喧闹的音乐时,很容易使听觉失灵。因此,圣人只求满足基本需求,不受外物所诱。所以应当去掉那些虚华东西,选取那些实际的东西。

【解析】这一章,老子提醒统治者不能一味沉浸在声色犬马的外在世界里,如果过度地追逐声、色、货、利以及口腹之欲,任性纵欲,将会丧身害命。

在春秋时代,能够享受"五色""五音""五味",追求"难得之货"和"驰骋田猎"多为统治阶级。为了满足个人享受,势必会加重老百姓的负担。老子反对各种精神享受和物质享受,奉劝统治者要"去彼取此"。

"五色",从狭义而言,即青、赤、黄、白、黑。广义而言,泛指一切有形有象的有色世界。色彩缤纷的颜色会使人视觉受到刺激,时间久了会受伤害眼睛。中国近视人数全球最多。近视眼被列为世界三大疾病之一,全国近视眼人数竟已近4亿,其中青少年约为2.7亿。我国人口近视发生率为33%,是世界平均水平22%的1.5倍。尽管原因很多,但与天天沉溺于网络不无关系。五颜六色的花花世界,美不胜收,令人神往,如果醉心其中,纵性怡情,势必眼花缭乱,丧魂落魄。人最难逾越的就是美色关,古往今来,有多少英雄好汉,虽有凌云志,却是英雄气短,儿女情长,最后栽倒在美色中。经常骑马在山林田野里打猎,会使人杀气大增,暴戾成性,最终变得丧心病狂。如果对世上的奇珍异宝,贪得无厌,拼命追逐,那么必然会使人违背良心,不择手段,甚至图财害命。"五味",即酸、咸、甘、苦、辛。"爽"是指口腔舌头的味觉出了毛病,而不是爽快的意思。《淮南子·精神训》也说:"五味乱口,使口爽伤。"意在提醒世人,不可贪图身体享受,从而导致最终的败亡。齐桓公可以说是吃遍了天下的美食家,可是吃到最后真是"五味令人口爽",再也感觉不到"五味"的美妙了。在两千多年前的春秋时代,齐国有一个负责为齐桓公烹饪菜肴的厨师叫易牙。桓公久居宫中，什么珍馐佳肴、山珍海味都吃腻了，有一次半开玩笑地对易牙说："惟蒸婴儿之未尝！"易牙为了满足桓公的欲望，将自己的三岁儿子蒸了献给了桓公吃，桓公认为他对自己忠心耿耿，于是提拔重用了易牙，易牙便成为宠臣。后来大臣管仲生病，齐桓公前去探望，并问管仲："君将何以教我？"仲曰："君勿近易牙和竖刁。"桓公说："易牙烹子飨我，还不能信任吗？"管仲说"人无不爱其子，自己的儿子尚且不爱，焉能爱君？"直到管仲死后，桓公仍不信其言。不久齐桓公病危，易牙果然拥立齐桓公的宠妾卫共姬的儿子作乱，闭塞宫门，桓公被活活饿死在病榻上。你看，这就是贪恋美食带来的祸害。"五音"，即宫、商、角、徵、羽。美妙悦耳的音乐可以涵养心性，陶冶情操，而狂燥、淫邪的靡靡之音，必然会祸乱心神，使人狂燥不安。

　　当今的社会，绚丽多彩，诱惑无处不在，有些人过度地追求物质利益，而忽视了道德修养的重要性，甚至价值观和道德观严重扭曲，因此出现了一系列社会问题。所以老子强调，既要满足生存的物质需要，更要提高内心的修养。"为腹"，就是修持内在德性；"为目"，就是忘本逐末，迷于外物。"不为目"就是不为物役，不为利惑，心静性定。只有懂得适可而止，顺其自然，才能享受生活的情趣。

第十三章

宠辱若惊，贵大患若身。何谓宠辱若惊？宠之为下，得之若惊，失之若惊，是谓宠辱若惊。何谓贵大患若身？吾所以有大患者，为吾有身。及吾无身，有何患？故贵为身于为天下，若可以托天下矣。爱以身为天下，女可以寄天下？

【译文】受宠惊喜，受辱惊恐，看待名利得失就像自己的生命。什么是宠辱若惊？由于得宠者为地位卑下者，所以得宠惊喜，失宠惊恐，就是宠辱若惊。什么叫看待名利得失就像自己的生命？之所以怕失去自身利益，是因为有自私心，如果没有自私心，还会有什么得失之忧呢？所以重视修身并有志于为天下人民服务，就可以把天下托付于他。如果像爱护自己生命一样去爱护天下人民，你可以把天下交给他。

【解析】本章老子主要讲述了人为什么而活的一个哲学命题。老子告诉我们：要摆脱困扰人的一切精神枷锁，活出真实的自己。如果能摒弃个人的名利得失，像爱护自己的生命一样爱护人民，那么就可以做天下的主人。

老子认为，无论是得宠，还是受辱都是对尊严的伤害，得宠者因怕失去宠爱，而惶惶不可终日，无形中人格受到伤害；受辱者因人格已经受到伤害而惴惴不安。对一个人来说，宠辱是别人对你的态度，属于自然的范畴，非己力所能控制。既然是非人为因素，何不泰然处之？世人有一个共性就是喜欢别人夸奖，当听到赞美之声就激动不已，当听到侮辱之声时就愤愤不平，心随着外物飘来荡去，始终平静不下来。激动也罢，恐惧也罢，究其原因是虚荣之心、贪欲之念在作祟，所以人人都感觉身心疲惫，活得很累。庄子说"丧己于物，失性于俗，是谓倒置之民。"在前面"老子的认识论"当中，这个问题已经讲得非常透彻了，就是说人活在意志和表象的世界里，这个表象有的是自己创设的，也有别人创设的。虚荣心就是自己所创设的，总认为自己是个人物，把名声看得比命还重，一旦受到侮辱，就闷闷不乐，茶不思饭不想，有的甚至选择轻生。从古至今，这种例子不胜枚举。仔细想想，我算什么？在旁人眼里普通人一个，即使有点故事，也只是别人饭后的谈资，过三天全忘了，再过一段时间内存就会被清空，这难道不是自己和自己过不去吗？所以，后人把"宠辱若惊"改为"宠辱不惊"。

什么叫"贵大患若身"就是把外在的得失看得比命还重要。"贵"是指得到名利地位，"大患"是指失去自身名利。人之所以担心失去名利地位，是因为有个"小我"在。这个"小我"贪嗔痴具足，是指自私自利的心。如果我们能抛弃这颗自私自利的心，那么还会有得失之忧吗？所以说心底无私天地宽，无私就无畏。如果看得开一点，看到一个大我的存在，那就不一样。有的人为了一时的争名夺利，真的连命都不要了。殊不知，自己的命都没有了以后，你的财产，你的名利，你所有的一切都是别人的了。那我何必去执着，何必去争？活着的时候就不用为外物所累。

通过名与心、利与身的论述，老子给出了能拥有天下的圣人的人格标准：如果能重视修身并乐于奉献，像看重自身一样去看重人民，那么就可做人民的领袖；如果像关心爱护自身一样地关心爱护天下人民，就是把所有的生命看作一个整体，那么就可把天下交付给他。

第十四章

视之而弗见，名之曰微；听之而弗闻，名之曰希；捪之而弗得，名之曰夷。三者不可致计，故混而为一。一者，其上不攸，其下不忽。寻寻兮不可名也，复归于无物。是谓无状之状，无物之象，是谓沕（wù）望。随而不见其后，迎而不见其首。执今之道，以御今之有。以知古始，是谓道纪。

【译文】看也看不见，叫作"微"；听也听不到，叫作"希"；摸也摸不着，叫作"夷"。这三方面不可以深究，因为是浑然一体的。其上不光明，其下不阴暗，朦朦胧胧若有若无，无法形容，于是又回复到无的状态。就是说它没有形状，没有物象，把此现象称为"惚恍"。迎着它，看不见它的头，跟着它，也看不见它的尾。把握眼前事物的发展规律，来指导实践，从而能够认识了解宇宙的初始，这就叫认识"道"的规律。

【解析】本章老子着重描述了道的虚无缥缈性,虽然看不见、听不到、摸不着,但它真实存在,并支配着万物的运转。通过研究当下事物的发展变化规律,便可体会到道的存在,从而掌握它的运行规律。

　　道是这样子的:看不到、听不到、摸不到、没有头、没有尾、没有光亮、没有黑暗、没有形状、没有现象、恍恍惚惚,实在是无法描述。但是,道的确存在,它和现实界的任何经验事物不同,它不是一个具象的东西,因此靠感官系统是无法认知的,它超越了人类一切感觉知觉的作用。这个道,由于没有明确的形体,所以无法加以名状。这个超乎声色名相的道,并不是指空无所有,而是指道不是普通意义的物。如果继续深入探究的话,也不会得到什么结果。因为我们无法描述它的形象。尽管如此,但道是可以感知的。就像市场供求规律一样,尽管看不见、摸不着,但它实实在在起作用。老子告诉我们,那个造化天地、造化万物、造化生命的力量是什么?那个无时无刻不在掌控着宇宙运行的是谁?勉强在这里给他起个名字叫"一",这个"一"就是生成宇宙万物的"浑元一气"。关于这"一"问题我在"老子的宇宙观"中进行了系统的阐释。在此再简单说一下,宇宙无际,星海浩瀚,每一颗星星都能按照各自的轨道有序运转,从来不会发生碰撞。从地球单元来说,地球上大概存在介于500万种到1亿种不同的生物,而现代科学所发现的物种只有大约200万种,不仅如此,只要环境适宜,就会有新的物种产生,就像有水的地方就有水生动植物一样。物种之间相互依存,相互制约,形成了一个生态平衡系统。这么科学的机制是谁给设计安排的?老子给出了答案——道。用一个形象的比喻，道就是宇宙游戏的程序，万事万物都是按照既定的程序在运行，否则早就乱套了。

"道纪"，简单地说，就是大道的纲纪和规律。认识和理解道纪就能有效地指导我们的日常生活，不至于误入歧途。

综上所述，道是虚无的，也是实在的；道是永恒的，也是变化的。它是宇宙万物的本源，也是宇宙万物运动变化的始作俑者。只要明白了"道纪"的作用，也就能体会"道"的存在。

第十五章

古之善为道者，微妙玄通，深不可识。夫唯不可识，故强为之容：豫兮，若冬涉川！犹兮，若畏四邻！俨兮，其若客！涣兮，若冰之将释！敦兮，其若朴！旷兮，其若谷！浑兮，其若浊！孰能浊以静之徐清，孰能安以动之徐生？保此道者，不欲盈。夫唯不盈，故能蔽而新成。

【译文】自古遵循天道法则的人，精微深远而明达，高深到难于认识。正因为常人难于认识，因此只能勉强来形容他；慎重啊，像冬天踏冰过河一样小心；犹豫啊，像害怕惊扰四邻一样谨慎；庄重啊，像在外面作客一样客气；自在啊，像冰凌消融一样悠然自得；敦厚啊，像原木一样自然质朴；豁达啊，像山谷一样幽深广阔；和谐啊，像混浊的水一样有机相融。谁能使混乱的局面慢慢安定？谁能使在保持安定的局面下而有生机？保持这种道的人，不要求盈满。正因为不要求盈满，所以能够去旧更新。秉持大道的人不会自满，不会过分。因为不自满，所以能够与时俱进，推陈出新。

【解析】本章旨在对体道之士作了具体描写。老子称赞得道之人的"微妙玄通，深不可识"，是因为他们掌握了事物发展的普遍规律，懂得运用普遍规律来处理现实存在的具体事物。因此，谨慎又旷达、严肃又洒脱、警惕又浑厚、纯朴又融和。含而不露、高深莫测、从不自满，故能去旧更新，不断进步。

老子形容得道之人应具备的七大品性：一是"豫"，原意为体重较大的象，进退多疑，比喻谨慎小心，战战兢兢，如履薄冰，稍有不慎，就会丧失性命。二是"犹"，即高度警觉，洞察秋毫。犹是一种比猴子和老鼠还警觉的动物，时刻关注自己行为，生怕干扰别人。三是"俨"，即端庄大方，有礼有节。就像去别人家做客一样，要表现的恭敬端庄、稳重大方。四是"涣"，即内涵深厚，生机勃发。就像冰雪融化一样循序渐进，悠然自得。五是"敦"，即朴实无华，敦厚老实。一言一行，一举一动，就像未经加工的原木一样纯朴。六是"旷"，是心胸宽广，豁达大度。思想如同山谷一样空灵、广阔。七是"混"，是平易近人，和光同尘。表面上看就像混浊的水一样不加分别，融为一体。

以上主要阐述了：成大事者，境界高的人的行为规范。一个优秀的领导者要修炼成这七种品德，必须具备两种能力：第一种是

"静"的功夫，即控制混乱局面的能力。首先要静下来，人只有完全安静下来，才能冷静思考，理性判断，才能做出正确的决策。意思就是"凡事戒急戒躁，不要着急，慢慢来"。譬如一杯混浊的水，放着不动，慢慢地，渣滓会沉淀下来，水会自然变清。这里可以引申为将混乱的局面治理得海晏河清；第二种是"生"的功夫，即激发社会活力的能力。对一个领导者来说，光让老百姓听话，光有一个安定的社会环境是远远不够的，还得让老百姓发展生产，让社会焕发生机，让人民过上幸福的生活。这就需要领导者具备高深的智慧和超强的能力。

道是深邃的，道是广博的，也是无穷无尽的，所以得道之人是不会自满的，正因为不自满，才能推陈出新，永葆活力，与时俱进。

第十六章

致虚，极也；守静，督也。万物旁作，吾以观其复也。天物芸芸，各复归于其根，曰静。静，是谓复命。复命，常也。知常，明也。不知常，妄作凶。知常容，容乃公，公乃王，王乃天，天乃道，道乃久，没身不殆。

【译文】达到心境空明至极，保持心境宁静专一；万物都在生长变化，我从中已经观察到它们周而复始的普遍规律。尽管世间万物纷纭变化，但最终都又回到了初始状态。回到了初始状态叫作"静"，也是各自的本性。万物的本性就是规律。知道规律的是明智之人；不知道规律是虚妄，如果胆大妄为就要遭受祸患。因此，明白和掌握规律的人心胸才能宽广，心胸宽广才能公平公正，进而才能成为众人的领袖，如果能继续顺天理得民心的话，就能稳坐泰山，使国家长治久安。

【解析】本章老子主要讲述了如何参悟大道和遵循大道的问题。悟道之后就会变得明智通达，包容豁达；进而能够做到公正无私，回归王道；遵行王道自然合乎天道，合乎天道则能长生久视，终身不殆。

老子告诉我们，体道悟道首先要洗涤心灵，保持清静。人类由于受后天五色、五音、五味的迷惑，心性被染污，本来人心如明镜，现在落满了灰尘，需要拂去尘埃，恢复本性。就是把自身对世界认知的主观意识去掉，达到空和虚的状态，才能够接受新的信息。就像电脑一样，用久了，需要重新格式化，然后再去安装新的操作系统！清空内存后，还要使情绪稳定下来，达到清静而又纯粹的状态，就是"不以物喜，不以己悲""泰山崩于前而色不变，麋鹿兴于左而目不瞬"的状态。然后再去观察万物的生长变化，经过观察发现，花草树木春生夏长，秋收冬藏，年复一年，循环往复，最终都落叶归根。"野火烧不尽，春风吹又生"就是最形象的说明。仔细思考，宇宙万物，林林总总，多彩多姿，但都遵循着一个共同的规律——"各归其根"。万物循环往复的变化，总是由生到灭，再由灭到生，这种变化实际上是从无到有，从有到无。"无"就是事物的初始状态，就是"根"。万物发展纷纷扰扰，当回到原始状态的时候，则以中和之气或能量的状态存在，这就叫"静"。阴阳运动变化，周而复始，最后又回归生命的本性，叫作"命"。宇宙万物生灭不息，有生即有灭，有往即有复的这种变化趋势叫作"常"，即基本规律。不明白这个基本规律，是虚妄。如果轻举妄动，为所欲为则会遭受祸患。明白这个基本规律才是开明的人。这是"内圣之道"，是成为王侯将相的前提和基础。接着老子讲"外王之道"。老子的内心深处非常明白，人类社会的发展是有规律可循的，但是由于受私欲、智慧、法令的干扰，阻碍社会发展进程，而且人们对人类社会的发展规律已经认识不清了。在这种情况下，老子提醒侯王，人类能不能借鉴自然规律谋求发展呢？人类只有效法自然之道，包容万物，公平公正，平等相待，遵道而行，才能拯救天下，回归正道，天长地久，永保平安。

本章主要论述了"内圣外王"之道，即从掌握事物发展规律到虚静，从虚静到公正，从公正到王道。也就是只有掌握了事物发展规律才能虚静，只有虚静才能无我，只有无我才能无私，只有无私才能公正，只有公正才能长久为王。

第十七章

太上，下知有之；其次，亲誉之；其次，畏之；其下，侮之。

信不足，安有不信。犹呵，其贵言也。成功遂事，而百姓皆谓我自然。

【译文】上古时代的首领，民众只是知道他的存在；后来的首领，民众亲近他，并赞美他恩德；再后来君主，民众开始畏惧他了；再到后来君主，民众开始憎恨、侮辱他了。君主对民众诚信不足，于是才导致民众对于君主的不信任。因此，君主要谨言慎行，言而有信，取信于民。等大功告成了，事情办妥了也不张扬炫耀，百姓都说是自然而然的结果。

【解析】本章老子通过从上古到春秋战国，老百姓对统治者的态度对比，进一步论述了无为而治的重要性，并强调只有达到了这一境界，才能实现国泰民安。

"太上"，《礼记·曲礼上》："太上贵德。"郑玄注："太上，帝皇之世。"陆德明释文："太上，谓三皇五帝之世。"上古时期，尧舜禹治理天下，上顺天理，下应民情，实行无为而治，民风淳朴，生活富足，国泰民安。虽然老百姓知道有君王，但由于圣王以无为治世，不显山露水，不扰民，老百姓感觉不到他的存在。就像鱼儿感觉不到水的重要性一样。《击壤歌》唱得好："日出而作，日入而息；凿井而饮，耕田而食。帝力于我何有哉？"在击壤而歌的这位农人看来，他只是自食其力，自遂其生而已，帝尧何曾给了什么帮助？殊不知他之所以能自得其乐，全是帝尧苦心孤诣的结果。就像《尚书·洪范》中说的一样："无偏无党，王道荡荡；无党无偏，王道平平。"老子启示我们，想要做高级的领导，就不能贪图民众的亲近和赞誉，而要让民众把注意力集中在生产生活上。

后来的君主，随着后天主观意识越来越强，大力推行德治，立仁政以养民心，这时候就有了人治的色彩，由于统治者还能身先士卒，率先垂范，造福于民，所以老百姓觉得可亲可敬，不免会给予赞誉。

再到后来，统治者制礼乐以序尊卑，用宗法制度来约束人们的行为，一旦有人违抗就会受到严厉制裁。所以老百姓一听到统治者就害怕。最后，也是最下等的统治者，主要靠严刑峻法来治理国家，专横跋扈，生活奢靡，荒淫无度。就像商纣王酒池肉林一样，朝廷朝令夕改，横征暴敛，老百姓无所适从，苦不堪言，所以会骂声一片。

君王离道丧德，失信于民，不能率先垂范，以德服人，那么人民就会离心离德，君王与百姓之间的矛盾便会日益加重，统治者们也自然会不得安宁。

因此，老子推崇的是无为之治的治国方略，统治者不轻易发号施令，慎言谨行，老百姓勤劳纯朴，生活富足，国泰民安。在这种情况下，百姓就感觉不到统治者的存在，觉得这一切都是自然而然的。这样的场景，正是老子对"百姓皆为我自然"的最好描绘，这也就达到了老子所谓的道的境界。所以，统治者要想成为"太上"，就要取信于天下，顺应自然，遵守"王道"。

第十八章

故大道废,安有仁义?智慧出,安有大伪?六亲不和,安有孝慈?邦家昏乱,安有贞臣?

【译文】大道废弃了,怎么还会有仁义?六亲不和,怎么还会有孝慈?国家昏暗动乱,怎么还能有正直的臣子?

【解析】本章和上一章内容衔接的比较紧密,上一章的结论是圣人之治一定是遵道而行,即有道、无为、贵言、守信。本章主要论证了大道荒废之后所出现的种种社会乱象。

本章在句式上,与通行本差异较大。《郭店竹简》《帛书》甲乙本均在每句"有"前多加了一个"安"或"案"字。再则,"智慧出,安有大伪",与前后文不恰。郭店竹简没有"智慧出,有大伪"这一句,而长沙马王堆出土的帛书甲乙本中有"智慧出,安有大伪"这一句,由此猜测,这一句是汉代以后加进去的。

"道"就是天理良心。仁义、孝慈、忠诚这三种情况应该是人的道心或本性。正所谓"人之初,性本善。"

"大道废,安有仁义"。大道指正确的治国之道,做人做事应该遵循的基本原则。那么,大道为什么会被废弃?显然是由于统治者的治国思想原则出了问题,是统治者的价值取向出了问题,是统治者的行为导致正道偏废。如果统治者利欲熏心,朝令夕改,为所欲为,作威作福,失信于民,那么就会导致道德沦丧,风气败坏。相应的就会出现尔虞我诈,假冒伪劣等不仁不义的行为。

"六亲不和,安有孝慈。""六亲"指父、子、兄、弟、夫、妇,也泛指亲缘关系。"孝慈"就是儿女孝顺父母,父母庇护子女。子女爱父母叫"孝",父母爱子女叫"慈"。这是很现实、很客观地反问,亲人反目,何谈孝慈?仔细想想,对于一个家庭来说,只有六亲和睦才有孝慈;六亲既然不和睦,还哪里有孝慈?

"国家昏乱,安有贞臣。""国家昏乱",即朝纲紊乱。以殷纣为例。纣王无道,国家昏乱,纣王的同母兄微子屡谏不听,于是微子便隐居于荒野。殷纣王的叔父箕子也多次劝说纣王,纣王不听,于是箕子就披发装疯,被纣王拘囚,降为奴隶。比干是殷纣王的叔父,他因劝谏被剖胸挖心,就这样失去了身边所有的正臣。

最后的结论是:大道存,必然仁义满天下;六亲和,必然子孝父慈;政治清明,必然君正臣忠。

第十九章

绝圣弃智,民利百倍;绝仁弃义,民复孝慈;绝巧弃利,盗贼无有。此三言也,以为文未足,故令之有所属:见素抱朴,少私寡欲。

【译文】如果统治者不标榜自己是圣人和智者，则民众反倒会更加受益；如果统治者不打着仁义的幌子施政，民众则反倒会自觉恢复天然的孝慈本性；如果统治者不巧取豪夺，搜刮民财，社会上就不会有盗贼的出现。

仅有上述三项作为治国理念是不够的，还要对君主提出更加严格的要求：保持自然、质朴之性，减少自私、贪欲之心。

【解析】本章是对第二、三章名与实的进一步阐释，老子首先提出了医治社会积弊的三条治标主张——"三绝""三弃"。但老子深知仅仅治标是远远不够的，还需要有治本之策——"见素抱朴，少私寡欲"。

整部《道德经》都是"君人南面术"他言说的对象是君王，而不是普通百姓。如果让老百姓也"三绝""三弃"，岂不是愚民政策？老子对君王提倡的"三绝""三弃"，其核心是减少空洞的说教，去掉虚伪的面具；"复归于朴"，推行无为而治。老子发现所有侯王一旦登上皇位宝座，都要把自己粉饰成至圣先贤和仁义之师，来愚弄百姓，其目的是让老百姓迷信和臣服。"一朝权在手，便把令来行"，侯王一旦坐拥天下都要树立自己的权威，"新官上任三把火"，于是政令、法律将层出不穷，老百姓自由发挥的空间越来越小。如果统治者能够脱掉所谓至圣先贤的伪装，一心为民着想，那么老百姓的福祉自然会增加。还有一些侯王打着仁义道德的旗号，行不仁不义之事。统治者为了维护社会秩序，都要树立道德典范，人为确立仁义标准，让人们去效法。在老子看来，"仁""义"是作为大道缺失之后才站到政治舞台上的为政理念。所以，此处的"绝仁弃义"是要求侯王"循道为治"。统治者如果诚实善良，爱民如子，那么老百姓自然复归于忠孝之道。诚如《大学》所言："所谓平天下在治其国者，上老老而民兴孝；上长长而民兴弟；上恤孤而民不倍。是以君子有絜矩之道也。""圣""智""仁""义"可以说都是虚伪的托辞，而"巧"与"利"才是他们的目的。借至圣先贤和仁义之师之名，行巧取豪夺、追名逐利之实。统治者为了战争需要和自己享乐，都会借助国家机器巧立名目搜刮民财，苛捐杂税多如牛毛，老百姓不堪重负。"贫困起盗心"，在忍无可忍的情况下，必然会偷杀抢掠。

老子认为，"三绝""三弃"只能治标，所以做到这三条是远远不够的，最为根本的是要回归最原始的本真——坚守自身淳朴自然的本性，减少克制私欲的诱惑。正像清代纪晓岚说的一样："心如枯井，波澜不生，富贵亦不睹，饥寒亦不知，利害亦不计，此为上者也。"

第二十章

绝学无忧。唯与诃，其相去几何？美与恶，其相去何若？

人之所畏，亦不可以不畏人。

望呵，其未央哉！众人熙熙，若飨于大牢，而春登台，我泊焉未佻，若婴儿未咳。累呵，如无所归。众人皆有余，我独遗。我愚人之心也，蠢蠢呵。俗人昭昭，我独若昏呵。俗人察察，我独闷闷呵。沕（mì）呵，其若海；望呵，其若无所止。众人皆有以，我独顽以鄙。吾欲独异于人，而贵食母。

【译文】抛弃侯王的身教，老百姓就不会有太多的忧愁。侯王对待民众恭敬应诺与严厉呵斥相差有多少呢？就和喜欢与厌恶差不多。尽管侯王受民众敬畏，但是也不能不敬畏民众。

道是多么遥远呵，没有尽头！众人熙熙攘攘地挤在一起，就像参加盛大宴会和春游登高观景一样；而我淡泊恬静，懵懵懂懂，就像还不会嬉笑的婴儿。疲惫呀，好像是无法界定的另类。众人物质上都很富余，而我却很匮乏。我的心傻傻乎乎，混混沌沌。世人昭然若揭，唯独我糊里糊涂；众人都那么明察秋毫，唯独我愚昧浑噩。幽深啊，我的心犹如大海般宽广。离道太遥远了，没有尽头。众人都自以为是，我却显得那样卑微。之所以我与众不同，是因为我有"道"在滋养。

【解析】本章主要探讨了如何"以道治身"的问题，老子将悟道之人与俗世之人对待生活的态度作了对比，世俗之人追求的是物质享受，而悟道之人追求的是精神的自由和独立的人格。

"绝学无忧"是非常值得探讨的话题，也是从古至今解老、注老争议最多话题之一。要弄清楚"绝学无忧"的深刻意蕴，首先就必须弄清楚"学"的含义，也就是老子所要绝的究竟是什么，只有在了解了他所要绝的东西之后才可以去探讨他提出该观点的目的。那么，我们先来看看有代表性的几位解老大家是怎么解释的，河上公将"学"解释为动词，取学习之意；王弼将"学"解释成学习的过程；还有的学者将"学"解释为仁义圣智之学。现代对"绝学无忧"大众化的解释是"抛弃学问，可以使人无忧"。意思是学得越多，想得越多，忧愁越多。这样的解释经不起推敲，有点牵强附会。难道我们村的那些文盲就没有忧愁吗？我看他们整天为生活所累，愁眉苦脸，很难见到笑容。所以我敢肯定地说，这种解释最起码与现实生活不符。学习是人类进步的阶梯，人从一生下来就进入了学习状态，先是学吃奶，后是学说话、学生活技能、学文化……活到老学到老。老子作为大圣人，绝对不可能让人不学习。

庚子年的"七夕"对我来说是一个值得纪念的日子，我彻夜未眠。大家不要误会哦，我既没有对老情人有非分之想，也没有艳遇之福，而是对"绝学无忧""绝圣弃智，绝仁弃义，绝巧弃利""为学者日益，闻道者日损"顿悟了。我欣喜若狂，接下来和大家一一分享。"绝"，本义是断，即杜绝、抛弃的意思。"学"，根据沈善增先生的考据，《说文》："敩，觉悟也，从教。"《广雅·释诂四》："学，教也。"《国语·晋语九》："顺德以学子，择言以教子，择师保以相子。"可见"学"为身教，"教"为言教。前面已经讲过，侯王们为了愚弄百姓，往往把自己伪装成圣贤之君、智慧化身、仁义之士、人中之龙，让万民景仰，理所当然就是人民的楷模，学习的榜样。就是把自己装扮成民众学习的典范。老子把他们正人君子的假象给揭穿了，说他们人前一面人后一面，说的一套做的一套，不值得信赖。"绝学无忧"就是侯王弃绝装模作样的身教，回归自然，老百姓就不会有忧愁。

"唯与诃，其相去几何"，是侯王对待民众两种截然不同的态度。"唯"是和颜悦色，恭敬而诚恳的应诺，表示尊重；"诃"是怒责，颐指气使，态度蛮横，不讲道理，表示冷漠。这两种态度相差有多大？他说与喜欢和讨厌一样——"美之与恶，相去何若。""美"是喜欢的意思；"恶"是厌恶的意思；"何若"是差不多，一样的意思。表面上看，这两种态度差不了多少，但实质上反应的是对老百姓热爱与讨厌的立场问题。"人之所畏，不可不畏"是说侯王很威严，老百姓见了很害怕，但作为高高在上的侯王也不应该看不起老百姓，同样应该有敬畏心。接着，老子不无感慨地说："望呵，其未央哉！"前面说了侯王对待民众应当抱有什么样的态度。这句是告诫侯王声望这个东西没有穷尽，完全没必要去刻意追求这些虚名。

接下来老子将世俗之人都在追求声色犬马，内心空虚，清浊不辨，终日在迷迷糊糊中打发日子，在熙熙攘攘中浪费生命。

"若飨于大牢，而春登台，我泊焉未佻，若婴儿未咳。""大牢"，即古时祭祀所供的牛羊肉等食物。"若飨于大牢"，此处引申为贪图享受，沉迷于灯红酒绿的宴乐之中，饱享美味。"春登台"泛指登高揽胜，贪求外部环境的虚华，心神外驰，好高骛远。那么有道之人是一种什么状况呢？虽处在红尘中，但淡然面对，悠然自得，不为外物所动。心像刚出生尚不会笑的孩子那样，无忧无虑，天真无邪，纯朴自然。此句和第十章所讲的"专气致柔，能婴儿乎"的道理一样。

"累呵,如无所归。众人皆有余,我独遗。我愚人之心也,蠢蠢呵。"与兴高采烈,贪图享乐的众人相比,悟道之人显得疲惫不堪,好像是无法界定的另类。众人都在拼命地占有,尽情地享乐,贪得无厌。而我"遗世而独立",好像忘掉了人世间的一切,不食人间烟火。有道之人内心纯洁,朴实无华,好像不谙世事,什么也不懂。因为"须知忘世真容易,欲世相忘却大难。"

"俗人昭昭,我独若昏呵。俗人察察,我独闷闷呵。""昭昭",指明亮,光明。《楚辞·九歌·云中君》:"烂昭昭兮未央。"俗人都喜欢自我炫耀,只要有机会就爱表现自己,生怕别人不知道,而有道之人却显得愚钝暗昧,低调谦卑;俗人都喜欢耍小聪明,在世人面前显得精明强干,与人交往精于算计,而有道之人却显得愚笨迟钝。

面对社会的这种现状,老子不由得发出长叹:"沕呵,其若海,望呵,其若无所止。"俗人舍本逐末,贪得无厌,其追名逐利的欲望如大海之波涛,奔腾不息。又像一叶小舟,漂泊摇曳在茫茫无际的苦海里,放浪不羁,无有归期,不知回头是岸,返朴归真。

"众人皆有以,我独顽以鄙。"人各有志。"生无所息,斗无所止。"(《列子》)。世人对人生都是"有以",即有以为。有的追求升官,有的追求发财,有的追求健康,有的追求快活,凡此种种,不一而足。那么有道之人是一种什么情形呢?粗俗鄙陋,愚钝无知,随遇而安,平淡无奇。"顽"有愚痴、无知之意。世称调皮的孩子为"顽童"。"顽",又有顽强之义,坚持不变。"鄙",粗俗、浅薄之义。

在这里给大家讲一个屈原的故事。当年,屈原遭到了放逐,在汨罗江边上游荡。他沿着江边边走边唱,面容憔悴,模样枯瘦。渔父见了向他问道:"您不是三闾大夫么,为什么落到这步田地?"屈原说:"举世皆浊我独清,众人皆醉我独醒,是以见放。"老子由于对朝廷的失望,才西出函谷,此时此刻他们的心情应该是相同的,都在斥责众人的愚昧,悲叹自己的孤独,充满了不被理解的苦闷。

"吾欲独异于人,而贵食母。"这一章中既出现了"我"又出现了"吾",究竟各代表什么意思?需要解释一下。"我"代表真我,是自我意识或自我修炼的成果,即指大我、超我。也可理解为所谓"体道之士"。"吾"指本我,凡我,为肉体之身,指说话人自己。"吾欲独异于人",是说我必须区别于世俗之人,世俗之人都在寻求感官刺激和物质享受,而我却注重道心的修持,"唯道是从"。《尚书·大禹谟》:"人心惟危,道心惟微,惟精惟一,允执厥中。"尧舜薪传十六字心法,简称中华心法。道教以此作为"心灯"练心练性。"而贵食母","食"者,养也。"母"者,道也。道是万物之母,"道生之、畜之、长之、育之、亭之、毒之、养之、覆之。"(第五十一章)这是对一个慈母从生育到扶养,最后将子女放归于自然的整个过程的描写。"而贵食母"是潜心修道,靠道滋养。从修心的角度讲,就是通过内修外炼,打通人体小宇宙与天体大宇宙的传输通道,吐纳天地之气,吸收宇宙能量,真正达到"天人合一"的境界。

第二十一章

孔德之容,唯道是从。道之物,唯望唯沕。沕呵!望呵!中有象呵!望呵!沕呵!中有物呵!窈呵!冥呵!中有精呵!其精甚真,其中有信。自今及古,其名不去,以顺众父。吾何以知众父之然也?以此。

【译文】具有大德之人的行为表现,一切都合乎大道之理。"道"这个东西,既遥不可及又深藏不露。深远呵,宽广呵,而里面既蕴含着意象的规律,又存在着具象的万物之母。幽深呵,昏昧呵,其中藏有万物基因密码的精气,真实不虚,确实存在。从今推到古,道的影响力从来没有消失过,凭借这一原理可以追溯到万物本源。我是怎么知道万物的源头的呢?就是从"道"中认识的。

【解析】这一章主要讲述了天之道的特征特性,"道"虽然广阔而深远,但它有象有物,有精有信,以不同的形态存在于万物之中,指导万物发展变化。

道是一切行为的根基。大德之人所作所为,一切都是遵循大道之理。那么,"道"这个东西是什么呢?老子说,我也说不清楚,若有若无,若隐若现,因为它遥不可及,深藏不露。尽管深远而隐没,但是它有象有形,又是客观实在的。"道"又深又远,你根本看不见,但它又极其广大,大到没边,但"其中有精",这个"精"是什么呢?《庄子·秋水》:"夫精,小之微也。"庄子还说:"以德为本,以本为精,是言德出乎道也。"我理解"精"应该指精气,用现在的说法,就是DNA,或者遗传基因密码。难怪说,哲学是科学的先导。老子还说,它是一种真实的存在,并且非常可靠,不容置疑。从现在上推到很早的时候,"道"这个东西就有,而且影响力很大,从来就没有消失过,顺藤摸瓜,一直可以追溯到万物的源头。"众父",这里应该是指万物的源头。老子自问自答,我是怎么知道万事万物源头这个结果的呢?我其实没啥了不起,只不过是明白了"道"而已。

第二十二章

曲则全,枉则正,洼则盈,敝则新,少则得,多则惑。

是以圣人执一以为天下牧:不自视故章,不自见故明,不自伐故有功,弗矜故能长。

夫唯不争,故莫能与之争。古之所谓曲全者几语哉?诚全归之。

【译文】弯曲的东西最终便可成全,超越了度的事情便可纠正,低洼之处便可充盈，破旧便可更新，少取便可获得，贪多便会迷惑。

因此圣人凭借执守中道法则，就可成为天下的君主。不自我表现，所以才名扬天下；不固执己见，所以才能明白事理；不自我夸耀，所以才有功劳；不自高自大，所以才能长久。

正因为不与民意相争，因此天下没有谁还能与之相争。古时候所说的"曲全"，难道只是一句空话吗？能做到这一切，其实全部归功于这个道理。

【解析】本章老子再一次运用辩证思维，阐述了"道"的六大功用，指明不论是治身，还是治国，都要持守中道，而持守中道必须以诚为本。

老子通过阐述自然之道的六大功用，进而推导出圣人之道。

第一，曲成万物。"曲则全"是伟大宇宙法则之一。爱因斯坦说：从物理学的相对论来讲，时空是弯曲的，光在时空中的移动，也是弯曲的。《易经》中也提到："曲成万物而不遗"，意思是曲才是万物的规律，曲才能没有遗漏。天体的运行轨迹都是椭圆形的，事物的发展也是循环往复的。因此，"曲"是"道"的特征和功用。有的人把"曲则全"解释为是为人处世之道我也不反对，是说做人做事，如果能懂得走曲线，便能事事都有应对之策。越王勾践卧薪尝胆保全了性命，恢复了越国；韩信忍胯下之辱辅佐刘邦成就了大汉基业；唐伯虎装疯卖傻摆脱了宁王朱宸濠的控制，躲过一劫。"曲则全"是保全自身的生存之道。

第二，矫枉以正。"枉则正"，河上公本、王弼本作"枉则直"，帛书本、傅奕本作"枉则正"。这里采用帛书本。"枉"是指超过了应有的限度——枉道。矫枉过正。"正"的原意是正直,这里指矫正,纠正,得以成就正道。不论做任何事情,只要超越了度,偏离了道,必然会遭遇挫折,但最终还是要回归正道。比如将树枝用力掰弯,一松手就会自动恢复原状。

第三,谦受益。"洼则盈",是说谦虚处下的功用,第六十六章说:"江海之所以能为百浴王者,以其善下之,是以能为百浴王。"《易经·谦卦》告诉我们,真正的君子一定是虚怀若谷,谦虚待人的人。《尚书·大禹谟》:"满招损,谦受益,时乃天道。"只有谦虚谨慎,善于团结他人,才能够得到别人的帮助,遇到困难,也能很快化险为夷。溪水积于河谷,百川东归大海,越是处于低洼之地越能得到盈满,这是自然界的"洼则盈"。那么人越是有功而谦,越能得到别人的尊重爱戴,这就是人生的"洼则盈"。

第四,革故鼎新。"敝则新",就是俗话说的"旧的不去新的不来"。"敝"是破败破旧,"新"是新生更新。任何事物,只有走向破败、腐朽、死亡,才能重新创造、重新孕育,才能迎来新生。纵观历史,任何一个朝代如果糟糕到极点的话,那么变革就开始了。人的思想、知识也一样,如果不能够与时俱进,必然被时代所淘汰。所以,汤之盘铭曰:"苟日新,日日新",像洗掉身上的污秽那样,每天清除掉心灵深处的尘垢,就能不断进步,德行常新,这就是修身养德的"敝则新"。

第五,少私寡欲。"少则得"。少,并不见得是坏事!少,虽然表面上显得贫乏,实际上却充满生机。人往往是在感觉到缺乏的时候,才更加具有不断追求的动力;人往往是在认识到了自己的不足之处,才有可能去弥补和提高。我们都有过这样的体会,面临有限的机会,我们往往比较容易把握;机会多了,很容易犯迷糊。第四十二章说"故物或损之而益,或益之而损";第四十八章说"为学者日益,闻道者日损";第七十七章说"有余者损之,不足者补之。天之道,损有余而补不足。人之道则不然,损不足以奉有余"。老子在此告诉我们,人生在世,越是少取,反而得到的会越多。

第六,"咎莫大于不知足。""多则惑"有两种意境:一种是如果无限制地增加欲望,贪得无厌,当欲望满足不了时,你会困惑。另一种是当财富积累太多的时候,担心失去,也会产生困惑。多,表面上显得很充实,但超过一个度,往往是山穷水尽之兆。一旦觉得什么都有了,甚至很多了,反而会被已有的东西桎梏住;桎梏住了,就没有发展的余地了;失去了前进的目标和动力,自然就会感到迷惑了。人太自私了,就容易失道;太执着了,就没有自由;烦恼太多,就没有喜悦……

老子说,只有保持一种中和的状态,才能放牧天下,成为君主。他还告诫君王自始至终要以"无我"为本,以谦虚、低调的态度来为人处世,不仅不会降低威信,埋没功绩,反而会得到民众的拥护。只要你保持"无我"的状态,不去争名夺利,就不会有人和你争斗。老子最后语重心长地说,古人说的"曲则全",难道只是说说而已吗?那是实实在在的经验之谈。然后老子加了句,"诚全归之"。"诚":真实无欺、守信无妄、言行一致、表里如一,是至善的最高境界。老子并强调"诚"是"曲则全"的必要条件。诚如《中庸》"诚者,天之道也;诚之者,人之道也。"圣人因为诚心为民,所以才能成为众望所归、人心所向的统治者。这就是"无私而成其私""天下莫能与之争"的道理。

第二十三章

希言自然。飘风不终朝,暴雨不终日。孰为此?天地而弗能久,又况于人乎?

故从事而道者同于道,德者同于德,失者同于失。同于德者,道亦德之;同于失者,道亦失之。

【译文】自然这个概念很难用语言表述清楚。狂风刮不了一早晨,暴雨下不了一整天。谁使它这样的呢?是天地。天地的狂暴尚且不能长久,更何况是人呢?

所以,领导者的一切行为如果能够秉持正道,那么天下人也会步入正道;得到天下就是赢得民心;失去了天下就失去了民心。能够赢得民心说明就得到了道;失去民心说明就失去了道。

【解析】本章老子用"飘风"和"暴雨"不会长久,来比喻统治者施行暴政的结果,并劝诫侯王施行暴政是不长久的,只有顺其自然才能让民众受益,才能赢得民心。

老子开篇就下了个结论，"自然"这个东西很难用语言表述清楚。"自然"一词，最早就是一个哲学术语，到了20世纪初才有了自然界这个词。老子的"自然"是指道的造化能力和宇宙整体秩序。它是道的属性，很难说清楚它的完整含义。于是老子就举例说明："飘风"和"暴雨"是极端天气现象，是由于天地之间阴阳二气相互作用，产生的变化，意味着天地阴阳平衡的中和状态被打破了。但是，自然界的这种异常突变，都是短暂的，不会终日不息。这里是用极端天气来比喻人间"暴政"。老子认为，即使是"法力无边"的天地，也不能使这种"狂暴"一直持续下去，更何况人为的"暴政"呢？纵观中国历史，凡是推行"暴政"的王朝，无不以"短命"而告终，秦朝如此，隋朝亦如此。因此，侯王或统治者，只有勤于修道，尊道贵德，以道治国，才能实现天下的长治久安。

老子警示侯王，道性就是民心，得民心者才得天下。凭借残暴统治，是不会长久的。治理国家的过程中，如果能行正道，那么老百姓就跟你一起走，上行下效，"其身正，不令而行"。如果侯王能够按照自然法则去做事，那么老百姓无所顾忌，自由自在，人的潜能会得到最大限度的发挥，自然生活也会富足。如果侯王违背自然法则，胡作非为，那么老百姓就会离心离德，天下也不会安定。

第二十四章

炊者不立。自视者不章,自见者不明,自伐者无功,自矜者不长。其在道也,曰:余食赘行,物或恶之。故有欲者弗居。

【译文】刻意想拔高自己却很难立身。因为喜欢自我表现的人,得不到彰显;固执己见的人,不会明白事理;自我夸耀的人,不会认为有功;自高自大的人,不会长久。对于天道来说,这叫作残余的食物、累赘的行为,谁也不喜欢。所以有道的人不这样做。

【解析】本章承接上一章"同于道、同于德以及避免同于失"这一主题,继续探讨为道者应当具备的品格和行为。上一章老子主要讲述了"无我"的好处,这一章主要讲述"自我"的害处,并强调"自我"是人生的负担,有道之人是不会这样做的。

本章从文字上理解,难度并不太大,最关键的是对于"炊者不立"怎么解?"炊"本意就是烧火做饭,我猜想老子可能是比喻出手不高的人,可是商朝著名政治家、思想家伊尹就是厨师,他用"以鼎调羹""调和五味"的理论辅助商汤灭了夏朝,为商朝的建立立下汗马功劳。也就是后来老子所说的"治大国若烹小鲜"。厨师也不可小觑。

查了半天资料，甲骨文里没有"炊"字，再查《道德经》的各种版本，发现有训做"吹"的，有训做"企"的，还有训做"跂"的。联系上一章的内容，这句话的意思应该是踮起脚是立不稳的。因此，我觉得训作"跂"比较妥当。《论语》记载："子夏为莒父宰，问政。子曰：无欲速，无见小利。欲速则不达，见小利则大事不成。"有一年子夏被派到莒父去做地方官，临走之前他专门去拜望老师，向孔子请教怎样才能治理好一个地方呢？孔子说："做事不要单纯追求速度，不要贪图小利。单纯追求速度，不讲效果，反而达不到目的；只顾眼前小利，不讲长远利益，那就什么大事也做不成。""欲速则不达"，贯穿着深刻的辩证思想，说明对立着的事物可以互相转化。办任何事都不要急功近利，否则就无法达到高远的目的；不要贪求小利，否则就做不成大事。越是想拔高自己越是不能达到目的，于是乎，不就导致了："自视者不章，自见者不明，自伐者无功，自矜者不长"的结果吗？这几句在第二十二章中曾经出现过，老子为什么重复出现这几句话呢？正是为了强调不合道德的害处。这里面也隐含着老子以退为进的处世哲学。自以为是、固执己见就不能兼听则明、通晓事理；自我标榜、自我显摆就不会彰明显达、名扬天下；自吹自擂、自夸其功就会前功尽弃、新功不立；自高自大、自我膨胀就当不了领导、做不了官长。"炊""自视""自见""自伐""自矜"等，皆是人人厌恶的"余食赘行"，为修道之人所不齿，尤其是"君人"或统治者应力戒之。

第二十五章

有物昆成，先天地生。萧（寂）呵，漻（寥）呵，独立而不垓，可以为天地母。吾未知其名，字之曰道。吾强为之名曰大。大曰逝，逝曰远，远曰反。道大，天大，地大，王亦大。国中有四大，而王居一焉。人法地，地法天，天法道，道法自然。

【译文】在天地未形成之前，突然出现了一个无法描述的存在状态。它没有声音，没有形象，空虚无形，独自存在，宽广无边。它就是生成天地的依据。我不知道它的名称，给它取字叫"道"，勉强给它起名叫"大"。大到消失不见，大到无边无际，大到返回原点。道远大，天浩大，地广大，王伟大。宇宙中有四大，君王属于其中之一。人取法于地，地取法于天，天取法于道，道则取法于自然。

【解析】本章是《道德经》全文最为重要的一章，主要阐述了老子最高哲学范畴"道"的形成过程以及特征、作用，并对宇宙运行秩序也进行了高度概括。

老子首先告诉我们宇宙是怎么形成的，"有物昆成，先天地生"。此句帛书甲、乙本均作"昆成"。"昆"：《说文》"同也；表示共同戴日之人，兄弟。"通行本为"混成"，浑然而成。楚简本作"有状",其他版本都是"有物"。现以帛书为据来解读。我认为"昆"是指阴阳,一个东西不可能叫"昆",应该是两个东西同时出现。《易经》曰:"一阴一阳谓之道。""物"是指负阴抱阳的能量体。也就是说在天地尚未形成之前,就有一个负阴抱阳的能量体已经存在了。当能量聚集到一定程度的时候,阴阳二气相互交感,生成了天地万物。这和"宇宙大爆炸"理论非常契合。那么它有何特点呢?它寂而无声,空虚无形,独立于天地万物,超越于天地万物,无边际可寻,我们可以把它视作天地生成的依据。这么伟大的东西既没名,也没字。古代人既有名又有字,名是用来自称的,字是供他人称呼的。老子先取了个字叫"道",再勉强给起个名吧!根据其特征起名为"大"。它"大"到什么程度呢?无止境地扩张,直至消失不见,当大得无量无边的时候,最后又回到起点。道为宇宙之源、万物之母,故天下唯道最大。天际浩瀚,无所不包,不可谓不大;地之广博,承载万物,不可谓不大;君王位高权重,教化万民,不可谓不大。"王",《说文》引董仲舒说:"古之造文者,三画而连其中谓之王。三者,天、地、人也;而参通之者,王也。"这个"王"并非指具体的某个君王,而是指王权。宇宙有四大,人是其中之一。人与天地相通,人身就是一个小宇宙,人具有天地之灵,本心即为"道"。

最后老子对宇宙万物运行的秩序进行了具体描述,首先是人和大地的关系。大地承载万物,滋养万物,所以人要效法大地的厚德。"天"即宇宙,包罗万象,"地"也包括其中,天道法则适用于"地","地"要取法于天。"天"由"道"所创生,所以"天"依循"道"的规则运转。那道取法于哪呢?老子说"道法自然",这是老子的经典名言。"道法自然"不是道取法于大自然。因为古代没有大自然这个词,所以古代的自然讲的是自己然也,自然而然。"道法自然"是说道取法于自在本体,其本质特征是自然而然。

第二十六章

重为轻根,静为躁君。是以君子终日行,不远其辎重,唯有环官,燕处则昭若。

若何万乘之王而以身轻于天下?轻则失本,躁则失君。

【译文】对于一个人来说,修身为重,名利为轻;道性为本,浮躁为表。因此,身体是名利的根本,道性是浮躁的主宰。所以,君子整天行军打仗,始终离不开后勤给养,并派有环官暗中保护,即使是夜晚休息,也会高度警惕。

可是为何那些大国的君王却把自身利益看得比百姓还重要呢?如果过分看重名利,而不重视天下百姓,必然会失去天下;如果不按规律办事,恣意妄为,必然会失去权力。

【解析】本章老子从治身之道拓展到治国之道,深刻分析了重与轻、静与躁的关系,阐明了治国者应该以人民为国家为根,以修身为治国之本的道理。

如果不具体到人，"重与轻""静与躁"是没有依附关系的，在这里老子的言说对象显然是侯王。"重"指修身，"轻"指身外之物，如名利；"静"指道性，"躁"指一切妄念。老子告诫侯王不能舍本逐末。对于侯王来说，应以自身悟道、体道、行道为重，以拥有天下的权力为轻；以老百姓为重，以君位为轻。圣人所见略同，《大学》云："自天子以至于庶人，壹是皆以修身为本。其本乱而末治者否矣。"老子从轻重关系谈到静躁的关系，即道性修养和轻狂浮躁。在第十六章中老子对"静"有明确的定义，即"天物芸芸，各复归于其根，曰静"。在《道德经》中，"静"是一种观其运动规律，掌握其内在规律的方法。"躁"是在欲望驱使下的盲从、妄动。所以，"静为躁君"是说当你了解、掌握了事物发展的内在规律，这才是控制躁动、妄动的最有效的手段。圣人之道，不贪名利，不为物欲而奔波，即使贵为天下之主，超然于物欲之上。比如尧舜禅让，是因为他们从不把天下当成自己的私产。为何多数的国君，却以自身利益重而轻视百姓呢？殊不知，物重则损生，欲极则伤性。老子告诫侯王，作为一个统治者，在处理"为身"与"为天下"的关系过程当中，应当以什么为根本。

紧接着老子举例说明，有道之君在行军打仗时，非常重视后勤物资保障，"兵马未动，粮草先行"。所以，自己不仅不会远离"辎重"，而且昼夜派人把守，高度警惕。"辎重"是装载武器粮草的车辆，这里引申为恪守天道的本性。"环官"是主管抵御来犯之敌和巡查内外之事的卫士，这里引申为时时刻刻关照心性，谨小慎微，"君子慎其独也"。"燕处"指闲居或安息的处所。《说文解字》：

"昭，明也。"就是时刻保持清醒的头脑。

老子反问道："若何万乘之王而以身轻于天下？轻则失本，躁则失君。"最后，老子将矛头指向了"万乘之主"，也就是大国的君主。在春秋战国时代，诸侯君主大都骄奢淫逸、狂妄自大。老子认为，身为一国之君，只有通过修身养性，才能克制轻浮焦躁的弱点。如果治国者耽于享乐，或是轻率地处理国家大事，这都是有违"重为轻根，静为躁君"的天道的，那么就会落得"轻则失根，躁则失君"的下场。历史上行为不合于大道的昏庸无道之君，如夏桀、商纣、周幽王、周厉王等，没有一个是不遭到后人唾弃的。根据《道德经》和先秦道家的一贯思路，"内圣外王"是由"内圣"而"外王"，故"身"，即"修身"，为本、为君、为重、为根；相对而言，权力则为"轻"。如《左传·襄公十八年》"社稷之主，不可以轻，轻则失众。"为什么万乘之主，能够看轻自身，看重拥有天下呢？是因为万乘之主，把身当作欲身，把天下当作权力、财富；把天下当作自家的天下，当然会把权力重于自身。万乘之主，如果能够修身重道，而轻视王权，才有可能拥有天下，得到百姓拥戴。故孟子说："民为贵，社稷次之，君为轻。"如果一个大国的君主把自己利益看得比人民的利益还重要，那么结果必然是失去天下，丢掉王位。

第二十七章

善行无辙迹,善言无瑕谪,善数不用筹策,善闭无关楗而不可开,善结无绳约而不可解。是以圣人常善救人,而无弃人;物无弃财,是谓袭明。故善人,善人之师;不善人者,善人之资也。不贵其师,不爱其资,虽知大迷,是谓要妙。

【译文】善于行道的人不会留下痕迹,善于说话的人不会落下话柄,善于谋划的人不用筹码,善于自我保护的人不用设防也不会受到伤害,善于掌控的人不用绳索也能控制别人。所以,圣人常常善于救人而不放弃一个人,人尽其才;善于救物则不抛弃任何一物,物尽其用。这可以说是彻头彻尾明白了常道。所以善人,是不善人的老师;不善的人,是善人的借鉴。如果不以善人为师,也不借鉴不善的人的教训,虽然我们看似很智慧,其实是大糊涂。这就是成功的秘诀。

【解析】本章旨在讲述得道之人所具备的五种能力,即行动能力、沟通能力、策划能力、自我保护能力和掌控能力。作为圣人还要做到人尽其才、物尽其用。

"善",即善于,就是指最接近"道"的行为。"五善"是比喻得道之人的五种能力:

一是善行——行动能力。顺道而行不会留下劣迹。得道之人的一切行为符合道的,因此不会误入歧途。

二是善言——沟通能力。得道之人说话能够做到滴水不漏,左右逢源,能够说到点子上,不会被人抓住把柄的人。

三是善数——策划能力。得道之人料事如神,能够自觉把握事物的发展规律,谋划事情不需要借助其它力量。

四是善闭——自我保护能力。得道之人德高望重,人人心生敬畏,即使不采取任何防备措施,也没有人敢伤害他。也就是"以道莅天下,其鬼不神。非其鬼不神,其神不伤人。"(第六十章)"兕无所揣其角,虎无所措其爪,兵无所容其刃"(第五十章)

五是善结——掌控能力。"善结"并非给绳索打结,借指对事物的掌控能力。意思是治理天下不能依靠严刑峻法,而要依道而行,以德服人。"江海之所以能为百浴王者,以其善下之也,是以能为百浴王。"(第六十六章)

上述"五善"能力,是老子对自然无为思想的引申。那么明白了天道法则,圣人该怎么做呢?"人尽其才,物尽其用"。在圣人眼里没有绝对的无用之人,也没有绝对的无用之物,只有放错位置的资源。圣人不会求全责备,他会因材施教,各得其所。变"不善人为善人"、变"不信人为信人";变遗弃之物为有用之物。什么叫"袭明"?"袭明",很显然,袭是动词,是褒义,与"花香袭人"的用法是一致的,就是指花的香味像一件罩衣包裹住人的意思。所以,"袭"当然是意指已经达到包裹的程度,就是彻头彻尾、悉底尽明的意思。"明","知常曰明",就是明白事物发展的规律。

老子最后强调，以善于行道的人为榜样，以不善于行道的人为反面教材是成功的秘诀。

第二十八章

知其雄，守其雌，为天下溪。为天下溪，恒德不离。恒德不离，复归于婴儿。知其日，守其辱，为天下浴。为天下浴，恒德乃足，复归于朴。知其白，守其黑，为天下式。为天下式，恒德不忒。恒德不忒，复归于无极。朴散则为器，圣人用则为官长，夫大制无割。

【译文】知道雄强的，能守住雌柔的，就意味着找到了天下万物的生命源头。找到了天下万物的源头，与生俱来的自性就不会失去。不失去自性，就能像婴儿一样回到身心合一的自然状态。知道洁净的，能守住污浊的，就意味着像山谷一样包容。能够虚怀若谷，与生俱来的自性就会充实。自性得到充实，就会回归到原始的本然状态。知道显性的，能守住隐性的，就意味明白了阴阳平衡的道理。明白了阴阳平衡的道理，与生俱来的自性就不会出欠缺。自性不欠缺，就能复归于道。

"道"的质朴之性散发于万物之中，万物则有了各自的属性，如果贤达的君王掌握了"朴"这个工具，则会成为百官之长，所以一个完美的治理体系是不会妨害万物本性的。

【解析】本章老子提出了"三知""三守"的处世方式,并指出了坚持这一处世方式就不会偏离"道",从而达到崇高的精神境界——"复归于婴儿""复归于无极""复归于朴"。这里,老子旨在教人要用整体性眼光和辩证思维发现问题、解决问题。

这一章我自认为非常难解,前后逻辑关系一时很难梳理清楚,着实让老夫大伤脑筋。上网溜了一圈,也未找到知音。百思不得其解,夜里在梦境中忽然顿悟,现将愚知拙见公之于众,与同道共勉。

一是正确处理刚与柔的关系。"知其雄,守其雌",我认为是讲刚柔相济问题。雄是刚强、雄健的意思;雌是柔弱、宽容的意思。这里,老子显然是在强调坚守雌柔,与第四十章"弱者道之用"的道理一样。柔弱是道的作用方式,但这种力量是人无法抗拒的,比如春夏秋冬,四季更迭,谁能左右得了?老子用自然界的普遍现象揭示了一个深刻的道理。

从自然界来看,所有生物都是由雌雄构成,人分男女,动物分公母,植物分雄株(花)雌株(花)。通过雌雄结合,万物才得以繁衍生息。所以自然界有雄便有雌,雌雄同生共长,才使生态处于平衡状态。一旦人为过度干预,生态就会失衡。在自然界的长期演化中,由于人类形成了超越其他物种的智能,在重男轻女思想的影响下,能够人为干预生育,使新生婴儿男女比例严重失调。2018年中国人口男女比例为116.9∶100,男性比女性多3000——4000万。这是违背自然规律的结果。所以,对立统一是自然界的基本法则。"恒德":《易·恒》:"恒其德,贞,妇人吉,夫子凶。"后用以指恒久不变的德行,即与生俱来的自性。也就是说,明白了这一自然法则,人与生俱来的自性就不会失去。在本章中,"雄、雌"并不完全指性别,其深意应该是指阴阳和谐、雄雌合体的理想人格。就是通过雌柔原则来制衡和纠正片面强调争强好胜的风气,从而实现天下太平,社会和谐的目标。

二是正确处理得与失的关系。"知其白,守其辱"其实是讲得失问题。白是洁净、荣耀,引申意为得到;辱是污浊、羞耻,引申意为失去。世人的共性是喜欢得到,害怕失去,得到了就高兴,失去了就扫兴。可是人的一生,不是得到,就是失去;人间之事,得失而已!古人说得好:失之桑榆,收之东隅。有失必有得,有得必有失。这是辩证的关系,想通了,人的内心就会释然。在第十三章中,老子已经讲的很明白了,老子认为,无论是得宠还是受辱,都是对尊严的伤害,得宠者因怕失去宠爱而惶惶不可终日,无形中人格受到伤害;受辱者因人格已经受到伤害而惴惴不安。激动也罢,恐惧也罢,究其原因是虚荣之心、贪欲之念在作祟。

从人生来看,有得意高兴的时候,也有失意低落的时候。人不可能永远得意,得意了容易忘形,一旦忘形就会低落。人的一生也不会永远低落,命运再差的人也有得意之时。老子在第58章中说:"祸,福之所倚;福,祸之所伏。"福与祸相互依存,互相转化。有时候坏事可以引发出好的结果,好事也可以引发出坏的结果。这是人生的基本规律。

三是正确处理是与非的关系。"知其白,守其黑",这里的黑白应该指是非。老子在第二章中说的"天下皆知美,为美恶已,皆知善,斯不善矣",就是说是非善恶具有相对性,并不是绝对的,是非之间的关系是辩证关系。从整个宇宙来看,由显性物质和隐性物质组成。显性的可以看得见,为阳;隐性的看不见,为阴。"太极图"是最好的说明,一白一黑两条阴阳鱼合抱在一起,标志宇宙"万物负阴而抱阳",孤阴不生,独阳不长,阴阳和合为之道。宇宙学研究表明,我们目前所认知的物质大概只占宇宙的4%,那些不发射任何光及电磁辐射的暗物质占了宇宙的23%,还有73%是一种导致宇宙加速膨胀的暗能量。"太极"是阴阳和合体,比太极更原始的那个状态叫"无极"。如果说太极是一,那无极就是道。所以,"复归于无极",就是复归于道。

纵观人类千万年的文明史,每个时代有每个时代的是非标准,是与非的判断只能依据具体的时代而定,不是抽象、绝对的。再具体到我们每个人,由于思想意识都会受到文化修养、历史时代等等的局限,必然存在思维障碍,所以遇到人和事都要辩证的看,不要轻易下结论。对此庄子作了形象的比喻:"朝菌不知晦朔,蟪蛄不知春秋","井蛙不可以语于海,夏虫不可以语于冰"。

老子非常了解人性的弱点,人往往都注重追求刚健的、荣耀的、光鲜的,而忽视柔软的、耻辱的、暗淡的。殊不知,一方所以能够成立,正是因为有对方的存在;事物的发展规律是物极必反,盛极则衰。譬如有无、雄雌、荣辱、黑白等,试想若没有"无",从哪生出"有";若没有"雄",怎么知道"雌"?没有"日",怎么知道"辱"?同时又怎么知道"黑"和"白"呢?一方面老子通过这些例子,进一步说明"道"是一个阴阳合抱的有机整体,任何事物都具有"二重性"，因此我们既要看到事物相互区别不同的一面，又要看到事物相互联系不可分割的一面，二者相互依存，相辅相成。王夫之提出的"阴阳协合为一"说，认为阴阳虽有差异，但并不相舍相离，相毁相灭，而是相合相济，相因相通，协合为一，从而构成万物之本体。这里，老子旨在告诉统治者，如果总是凭借强大的力量和至高无上的权力治理国家，不把老百姓放在眼里，天下自然不会大治。另一方面，老子告诉侯王通过修炼来矫正偏激思维，树立整体性观念，最终复归于道的状态。

"天下溪""天下谷""天下式"都是对道的比喻，比喻"道"川流不息，用之不竭；虚怀若谷，包容万象；行为规范，处事方式。"恒德不离""恒德乃足""恒德不忒"是指不会失去与生俱来的自性。换句话说，永远不会偏离"道"。"德"是"道"的具体体现。简言之，依道而行就是"德"。"婴儿""朴""无极"是指"道"的原始样貌，是阴阳平衡的中和状态。

老子最后得出的结论是："朴散则为器，圣人用之，则为官长，故大制不割。"这个"朴"是比喻道相，属于形而上的范畴。"器"是指万事万物，属于形而下的范畴。《易经》曰："形而上者谓之道，形而下者谓之器。"就是将道的淳朴之性扩散在万物之中，万物则有了各自的属性和功用，圣人如果能够真正掌握并运用"朴"这个工具，自然就会成为百官之长，也就是君王。所以，圣人之治，是不会妨害万物自性的。

第二十九章

将欲取天下而为之,吾见其弗得已。夫天下,神器也,非可为者也。为者败之,执者失之。物或行或随,或炅(热)或吹,或强或挫,或培或撱(堕)。是以圣人去甚,去大,去奢。

【译文】试图得到天下为所欲为,我看是办不到的。国家政权犹如神圣的器物,不可以按照主观意志而为。为了达到个人目的随心所欲必然会失败,采取强硬手段必然会失去天下。世间万物有在前面走的有在后面跟的,有热的有冷的,有强的有弱的,有增长的有堕落的,千差万别,各不相同。所以圣人在为政过程中要尊重客观规律,要避免滋生过分、过大、过多的贪欲。

【解析】本章老子再论"无为而治",对于"有为"之治提出了警告,主张一切都要顺应自然,避免滋生过多贪欲。

老子说,天下是"神器",是非常神圣的。试图夺取天下,为所欲为,作为谋取私利的工具,是不可能的,或者不长久的。秦始皇统一六国后,为了巩固政权实行郡县制、焚书坑儒、修筑长城等一系列措施,但不久就爆发了农民起义,继而就被刘邦、项羽推翻,纵使万里长城雄伟坚固,也阻止不了秦朝的快速灭亡。之所以"天下神器,不可为也"。就是因为"为者败之,执者失之"。

这里的"为"是指为了满足自己的私欲而采取的一切行为。为了达到个人目的——名誉、地位和金钱，胆大妄为必然会失去民心，最终导致失败；为了稳固地盘，掌握政权，就会采取严刑峻法压制百姓，老百姓不堪重负必然起来反抗，最终也会失去天下。

老子说，天下之大无奇不有，天下万物有前边走的有后边跟的，有热的有凉的，有强的有弱的，有增长的有堕落的，千差万别，千变万化。就是说天下是一个非常复杂的神秘系统，其发展变化是有规律性的，不可能人为操纵。

老子接着说了一句："是以圣人去甚，去大，去奢。"这话太重要了。老子说，明白了这个道理以后，作为统治者就应该去掉那些过分的奢求。不过分看重名誉、地位、金钱，更不追求高、大、上。

第三十章

以道佐人主，不以兵强于天下，其事好还。师之所居，楚棘生之。善者果而已矣，毋以取强焉。果而毋骄，果而勿矜，果而勿伐，果而毋得已居，是谓果而不强。物壮而老，是谓之不道。不道早已。

【译文】依照"道"的原则辅佐君主的人，不以兵力逞强于天下。穷兵黩武这种事必然会得到报应。军队所到的地方，荆棘横生。善用兵者只求达到解决问题的目的而已，不敢凭借武力逞强。取得了胜利成果也不要骄傲，不要狂妄，不要夸耀，因为取胜也不是自己的功劳，胜利了更不能妄自尊大！事物快速强盛也会快速衰老，这是不符合自然规律的，只要违背规律就会早早死亡。

【解析】本章是老子对领兵大臣的忠告。领兵打仗要有道义，战争是不得已的事情，"不战而屈人之兵"是上上之策，不能靠武力逞强，强大就会走向灭亡，这是自然规律。

君王在治理天下时，周围一定会有很多人来辅佐，其中武将是不可或缺的重要角色。这些辅助君主的武将，一定要认识到军队主要是国防能力，而非战争机器。如果过分夸大军事的作用，是不符合道义的，战争会给人民带来灾难。因为凡是打过仗的地方，荆棘丛生，天地荒芜。国与国之间有了矛盾，尽量通过外交途径解决。一旦有敌来犯，到了必须用兵的时候，也要讲究道义，不宜过分扩大战争规模，不宜运用残忍手段，只要能够保全自身就可以了。当战争取得胜利，不要骄纵，不要狂妄，不要夸耀。因为有战争必有死亡，不是什么好事。正如曹操所言"白骨露于野，千里无鸡鸣"。如果胜利了还要继续扩大战事，势必会引起别人的妒恨，也会使自己得意忘形，给报复者以可乘之机。因此，用兵之道也要讲求正义，不要发动侵略战争，不应采取过激的行为，更不能依靠武力逞强。

老子最后用"物极必反"的自然规律作了总结，通过战争手段使国家强盛就等于揠苗助长，欲速不达。过快的生长，过快的强壮，也会过快的死亡。实践证明，凡是违背自然规律的事情最终都不会有好的结果。

第三十一章

夫兵者，不祥之器也。物或恶之，故有欲者弗居。君子居则贵左，用兵则贵右。故兵者，非君子之器也。

兵者不祥之器也，不得已而用之。铦袭为上，勿美也，若美之，是乐杀人也。夫乐杀人，不可以得志于天下矣。

是以吉事上左，丧事上右；是以偏将军居左，上将军居右，言以丧礼居之也。杀人众，以悲哀莅之；战胜，以丧礼处之。

【译文】用兵打仗，是不吉祥的事情，人世间都很厌恶它，所以遵循天道法则的侯王不会轻易发动战争。君子在日常生活中以左为尊，用兵却以右为尊。所以，有道之人是不会靠武力逞强的。

武装力量是不吉祥的东西，在万不得已的情况下才使用它，但使用时也不能锋芒毕露。即使是取得了胜利也不是什么美事，如果到处炫耀，认为了不起，这是喜欢杀人的行径。喜欢杀人的人，即使有志于天下，恐怕也难以得到。

所以，举办吉庆的仪式，以左边为尊位；举办丧事，以右边为尊位。正因为如此，偏将军（副将）统领部队在左边，上将军（主将）统领军队在右边，这就表示，是参照了办丧事的礼仪。杀人众多，要用悲痛的心情来凭吊死者；即便获得了胜利，也要像对待丧礼那样来对待它。

【解析】上一章讲了战争的后果，这一章从古代礼仪的角度阐释了对待战争所应持有的态度。

老子认为战争是违背道义的事情，令人厌恶，古之圣人是不会靠武力平天下的。老子对战争充满了悲悯之情。从古代礼制来看，平时以左为贵，君王面南背北，左文右武，便成了中国的传统。而用兵时却反过来以右为贵，古人把战争作为"凶事"来对待，因为战争就是杀戮，杀戮就要有伤亡，所以老子从心底里是反对战争的。但他又说，迫不得已而用之，这是因为春秋时期战争是普遍的，国与国之间互相攻伐，为了防御也得应战。即使如此，也应恬淡为上，不能得意扬扬，穷兵黩武。

老子明确指出战争是人类的灾难，不是什么美差，即使取得胜利不能庆功行赏。如果把杀人当成美差，那么就说明人性泯灭。凭借杀人的手段，想得到天下这个愿望是实现不了的。

紧接着老子通过古代礼俗来类比论证不得已而用"兵"时所应抱有的态度。一再表明战争是人间悲剧，战争礼仪同办丧事一样：举办吉庆的仪式，以左边为尊位；举办丧事，以右边为尊位。正因为如此，偏将军（副将）统领部队在左边，上将军（主将）统领军队在右边。对死难者要有怜悯之心，要用悲痛的心情来凭吊那些在战场上牺牲的人。即便是打了胜仗，取得了胜利，也不能耀武扬威，大肆庆贺，而要像对待丧礼那样："兔死狐悲，物伤其类。"

此章充分表达了老子对战争的极度厌恶之情和对死难者的悲悯之情。老子所倡导的理想国是"虽有兵甲，无所陈之"（第八十章），是希望天下太平，老百姓安居乐业。

对于"以兵强天下者"，老子警告说："兵强则不胜，木强则兢"（第七十六章）；"勇于敢则杀，勇于不敢则活"（第七十三章）；老子主张："善为士者不武，善战者不怒，善胜敌者不与"（第六十八章）。

第三十二章

道恒无名，朴，唯小，而天地弗敢臣。侯王若能守之，万物将自宾；天地相合，以俞甘露；民莫之令，而自均焉。始制有名，名亦既有，夫亦将知止，知止所以不殆。俾道之在天下犹小浴之于江海也。

【译文】恒久以来，"道"是没有名分的，它虽然很朴实，很精微，但天地也不能令它臣服。侯王若能恪守天道，万物将自然归顺——天地阴阳和合风调雨顺，民众不用去命令，也能自然和谐。自从有了制度，各种法令随之而来。对于各种法令的出台，侯王应当知道把握尺度。只有把握好尺度，才能不会有危险。就好比说道对于天下来说，如同溪流归于江海一样。

【解析】本章主要论述了以道治国与以法治国的关系。老子劝诫侯王，治理天下要遵循自然之道，像天降甘露那样使天下人普遍受益；制定法律制度要适可而止，通过创造宽松的环境，让天下百姓就像海纳百川一样自然归顺。

这一章有三个要点：

一是无为而治。恒久以来，"道"在世人眼里根本就没有什么名分，它也不去争什么名分，永远都保持着一种自然状态，虽然很隐微，但对天地也不会臣服。侯王如果能够秉持它，那么万物都会各行其道，天下人也会自然归顺。天地阴阳二气交感可以降下甘霖，老百姓自在生活，相安无事。俞：应允也。可与"降"通。

二是"知止"。道是"无名"的，道无形态可言、无大小可分，老子没有办法给道起一个名字。而法律制度是"有名"的，法律制度的制定和实施要把握中道原则，不能过分严苛，太严苛了会物极必反。法律制度是用来规范人们行为，维护社会秩序的，适可而止为好，过分严苛会限制民众的自由，会令民众反感，甚至离心离德。所以做任何事情都要把握一个"度"，过犹不及不行，要恰到好处。

三是众望所归。道具有统领性，它生成万物，万物又依道而行，时时刻刻不会偏离大道。这就好比条条河流一样，最终都会归于大海。简言之，侯王宽容，天下归心。

本章旨在教示天下人，明白"知止"之理，不要逐名弃本，不可背道而行。万物生于道又归于道。万事万物在其发展变化的过程中，都有其量与度的界限，有太过或不及之两端，而两端都不是当止之道。正像《中庸》所说:"中也者,天下之本也;和也者,天下之达道也。致中和,天地位焉,万物育焉。""中"就是不偏不倚,不左不右,不过不及,恰到好处。止之于中,即止之于道,这样才可能将事物导向中正平和的状态,使矛盾化解于无形之中。

第三十三章

知人者,智也;自知者,明也。胜人者,有力也;自胜者,强也。知足者,富也;强行者,有志也。不失其所者,久也;死而不妄者,寿也。

【译文】知人的人具有智慧,自知的人算是聪明;能胜人的称得上是有力量;能自胜的人才算得上是强大。凡事知道满足的人,才叫作富有。能排除一切私心杂念矢志不渝与"道"合一,才叫作有志。不离失本分的人可以长久不衰。至死不妄为的人,才叫作长寿永生。

【解析】此章讲述的是人生哲理,文理上层层递进,旨在教人自知、自胜、知足、力行、不失其所,从而达到"死而不亡"的崇高精神境界。

有句老话叫"知人知面不知心",确实了解一个人很难,于是,从古到今出现了好多识人术,如"易经识人术""麻衣相术""五行识人术""诸葛亮知人七法""曾国藩识人九法"等等。从古至今，凡成大事者都有一双慧眼，刘邦知人善任，在众宴群臣时说，就出谋划策来说，我不如张良；就安抚天下供给军饷来说，我不如萧何；就联合兵力、用兵打仗来说，我不如韩信；这三个人都是杰出人才，我能够利用他们，这是我夺得天下的原因。刘备"三顾茅庐"，从诸葛亮的隐居环境中观察其心性品行，从农夫吟唱诸葛亮的田歌中了解其人生感悟，从与诸葛亮的好友交谈中证实"卧龙凤雏得一可安天下"的真实性，最终坚定了刘备请诸葛亮出山的信念，成就了一段尊重人才、礼贤下士的佳话。刘邦和刘备都是中国历史上的英豪，他们之所以得天下，很大程度上就在于的用人之道。所以，学习他们吸引、留住人才的办法，对帮助中国企业家解决"人才无处觅，人才留不住"的难题，大有裨益。

　　了解别人不容易，那么了解自己就更难了。在古希腊的阿波罗神殿大门上，写着一句闻名遐迩的箴言："认识你自己"。中西方的哲人都这样告诫人们，可见，自知之明，对人生乃至人类是何等的重要！每个人都有局限性，所以你要认识自己，知道自己的强项和短处。可是有些人只能看到自己的优点而看不到自己的不足，凡是你见到过的人没有一个说自己不行，总拿自己的长处与别人的短处比。"自知者明"，就是说能清醒地认识自己、对待自己，尽可能地发挥强项，并通过与他人的合作，来弥补短处，这才是最聪明、最难能可贵的。茫茫人海，芸芸众生，能够真正认识自己的人极少。要不然何以古今中外，都有"人贵有自知之明"之类的劝戒呢？认识自己的目的，是为了超越自己，是为了实现自我价值的跨越。老子接着说，战胜别人难，战胜自己更难。能战胜别人，说明能力比较强。不管靠智力还是靠体力，证明总有过人的地方。你想成就一件大事，就必须投入大量的时间和精力，这就需要有坚强的意志和矢志不渝的定力，不经历风雨怎能见彩虹？所以，人生最大的敌人是自己。正如卢梭所言："最可怕的敌人在我们自身，无论何人只要能善于和自己身上的敌人作斗，并战胜它们，他在光荣道路上的成就，在哲人们看来，是比征服宇宙还大的。"战胜自己主要是战胜欲念，弃恶从善，使心身合于天道，无私无畏，这才是真正的强者。王阳明说："破山中贼易，破心中贼难。"实在是经验之谈。知道满足的人是精神的富有者，就像颜回那样："一箪食，一瓢饮，在陋巷，人不堪其忧，回也不改其乐。"

在现实生活中，我们的幸福指数是与欲望成反比的，不在乎我们拥有多少，而在乎我们感觉够不够。我们很多人是不知道满足的，所谓知道满足，也就是说欲望比现实越低，你的满足感越强、幸福指数越高。

这一章有一个疑点，就是"自胜者强"和"强行者有志也"中的"强"与老子在《道德经》中一再推崇的"柔弱胜刚强"的观点相悖。关于"强行者有志也"中的"强行"是什么意思呢？应该是能够知人知己、胜人胜己和知足者，即排除一切杂念和干扰，最终与道合一，并努力去践行。因此《吕氏春秋·先己篇》曰："故胜人者，必先自胜，欲知人者，必先自知"。

老子说："不失其所者，久也，死而不妄者，寿也。"这两句话耐人寻味，首先"不失其所者，久也"，这个"所"有多层含义。世间万物万类，各有其所。"道"是生育万物之母，故天地人万物一刻也离不开"道"，那么"道"就是万物之所。具体到一个人，"其所"就是本分或者良知。不失自性的人肯定会长久。

最后老子说："死而不妄者，寿也。"关于"妄"字，有的版本训做"忘"，有的版本训做"亡"，我认为训做"妄"比较接近老子本意。这句话的意思是能认清自己，就晓得应该做什么事情，不应该做什么事情，始终"不失其所者"，才可以长寿。

第三十四章

道，泛呵，其可左右也，成功遂事而弗名有也。万物归焉而弗为主，则恒无欲也，可名于小；万物归焉而弗为主，可名于大。是以圣人之能成大也，以其不为大也，故能成大。

【译文】大道的作用广泛啊，它无所不至而无处不在。功业成就，然而"道"并不自以为有功。"道"生养万物，而不自以为是主宰，并永远没有要求，因此可以称"道"为"小"；万物运行都附于"道"，而"道"又不干涉万物，因此可以称"道"为"大"。所以，圣人能够成就大业，就是因为自己不为"大"，所以能成大业。

【解析】本章主要阐述了"道"的普遍性和规律性，道生养万物,却不自恃有功,也不自以为大,正因为道不为大,所以才能成为最大。

老子在本章的开头就说,"道"广阔无际,如江河一般广泛流行、周延四方,大而无外,小而无内,但它上下左右可控,而且还能辅助护佑着万物生长。"道"在生育万物、成就万物的过程中确实功不可没,但它没有任何名分,"成功遂事,而百姓皆谓我自然。"(第十七章)"道"是万物之母,是宇宙万物的运行规律,万事万物的发展变化都是按照自身规律在运行,概莫能外。规律虽然看不见、摸不着,但它有强制性的特点,"顺我者昌,逆我者亡","得道多助,失道寡助"。从某种意义上说,它是万事万物的主宰。可是它从来不居功,不占有,不主宰。大道是如何发挥作用的呢?老子认为,道可以名为小,也可名为大,对统治者来说,个人修为是小道,而以小道去治理国家便能成就出大道。"恒无欲"是道具有的基本特质,大道无心而为,它在人们的眼里,时常显得微不足道。"道"看似渺小但作用巨大,万物与"道"须臾不可离,皆归附于"道",然而万物并未感觉到这个"道"即为自己生命的主宰,因此可以称"道"为"大"。

与大道相比,人类的行为往往是背道而驰的。因为人类常常自认为是万物的主人,老想着征服自然,改造自然,其结果是受到严重惩罚。比如,我们过度开垦草原、采伐森林,造成了水土流失,重则还会引起泥石流、沙尘暴等自然灾害的发生。

综观本章,老子旨在教人效法"大道",发扬大道"不辞""不有""不为主"的精神,最终成就伟大的事业。

第三十五章

执大象,天下往。往而不害,安平太。乐与饵,过格止。故道之出,言曰:"淡呵其无味也。视之,不足见也;听之,不足闻也;用之,不可既也。"

【译文】执守、奉行大道,就可自由驰骋于天下。不管去到哪里都不会受到伤害,而且天下太平。动听的音乐和诱人的美食,能使过路的行人情不自禁地停下脚步。可是,道的出现,说起来平淡而无味,不像音乐和美食那样吸引人。看也看不到,听也听不着,当用它的时候,却取之不尽,用之不竭。

【解析】本章论述了"道"的功用问题。尽管"道"仅仅是一个意象,无味、无形、无声,但它法力无边,取之不尽,用之不竭。

上一章老子谈到道尽管生养万物,但从不以主宰者自居,而万物都归顺于道。本章接着上一章继续深入,说如果人能够秉持大道,那么就会天下归心。"大象无形"(第四十一章)。"象"指物象或法象,"无物之象"。"象",无时不有,无处不在,它是"道"的化身,即大道之象。"执大象"就是遵道而行,唯道是从。"往"就是离开此地到彼地。"天下往"是通行天下的意思。如果能够掌握大道，依道而行，就会达到"天高任鸟飞，海阔凭鱼跃"的境界，就是不管去到哪里都可以安居乐业，这简直是一幅太平盛世的景象。当然了，老子是说给侯王听的，"天下有道，却走马以粪"。因为"道"的本质特征是"利而不害"，如果侯王能够持守大道，那么老百姓就会顺从拥护，天下就会减少战乱，老百姓就能自由往来，自主兴业。这时，老子举了一个例子，他说当人们走在半道，听到动听的音乐，见到美味佳肴的时候，谁又能抵挡得住诱惑呢？一定会停下脚步，趋之若鹜。如果世人一味地贪图享乐，经不起诱惑，那么就会止步不前，与道无缘。他说"道"这个东西，与音乐、美食不同，它既没有味道，也没有形状，更没有声音，引不起一般人的兴趣。可是，你知道吗？它的作用非常巨大，取之不尽，用之不竭。

这里，老子也揭示了修道之人之所以半途而废的根本原因。

第三十六章

将欲翕之，必古张之；将欲弱之，必古强之；将欲去之，必古与之；将欲夺之，必古予之。是谓微明，柔弱胜强。鱼不可脱于渊，邦利器不可以视人。

【译文】一样东西快要闭合的时候，说明本来就过于开张；一种事物快要削弱的时候，说明本来过于强盛了；一个东西快要离开的时候，说明本来靠得太近；一个人的财富快要被剥夺的时候，说明本来得到的给予太多了。这就是细微的征兆，要从中懂得柔弱胜于刚强的道理。君与民是鱼水关系，鱼始终不能离开池渊，国家不能用严苛的法律和军事力量来威慑民众。

【解析】本章主要讲述了"物极必反"的道理，通过四对矛盾双方互相转化的事例，启示侯王不能用强硬手段对付百姓，侯王和百姓是鱼水关系，离开了百姓就意味着失去生存的基础。

解读这一章恐怕得费点口舌，因为许多大专家都说这一章是老子权术、阴谋论的典型代表，意思与《圣经箴言书》说的一样，"上帝要你灭亡，必先让你疯狂。"真是这样吗？我看并不尽然。如果想让一个人变弱，那么就先让他强，强——强——强，他强到天下无敌了，等不到他弱，你早完蛋了。显然，不能这样理解。《道德经》全篇都在强调自然、无为，反对技巧、权谋，这一章为啥变调了呢？其实并没有变。这里的"将欲"是差不多或将要的意思，是指事物的发展趋势。"必古"的"古"，通行本为"固"，是原本的意思；"古"，故也。故，使为之也。因此，"古"应作因为解。把这两个关键词搞明白，那么问题就迎刃而解了。就是说当事物出现一种趋势的时候，背后都是有原因的。一个东西已经开张到极致，说明它快要闭合了；一件事情强盛得不得了，证明它快要衰弱了；当两个东西靠得很近的时候，就意味着快要离开了；当一个人接受别人给予太多的时候，就快要被别人剥夺了。意思就是当发现预兆的时候，就要想到事物表面现象背后你看不见的那个东西。"微明"就是见微知著，因为你已经掌握了事物发展的规律，明白了物极必反的道理，所以你就会料事如神，窥一斑而知全豹，通过很细微的征兆，你可以把整体看得一清二楚。以上四组现象，从普遍规律的角度进行阐述，其中也提到了弱与强的关系，一个事物将要柔弱了则必定是因为它曾经过于强盛。所以，老子得出的结论是"柔弱胜强"。"柔弱"是自然之态，是活力和生命的象征，而"刚强"是极端状态。这里举了鱼、利器两个例子：鱼指侯王，刚强；水指百姓，柔弱，但鱼不管怎么蹦跶，终究还是离不了水，所以水是鱼的根本；利器与百姓，利器锋利刚强，百姓柔弱，但终究用武力统治不会长久，朝代的更替，往往是由老百姓推翻的，"水能载舟，亦能覆舟"。因此，"邦之利器不可视人"。"邦之利器"应该指国家暴力机器，即军队、法律和赋税等。意思是奉劝统治者不要用暴力手段统治百姓。老子是在暗示侯王，要采取宽柔相济的政策，不能靠武力和严刑峻法管理民众，更不能用国家机器吓唬百姓。

事物由强到弱，由盛到衰完全是道的使然，所以，道的功能就在于调节和指引万事万物的生存和发展。老子旨在要求统治者遵道而行，无为而治。

第三十七章

道恒无名，侯王若能守之，万物将自化。化而欲作，吾将阗之以无名之朴。阗之以无名之朴，夫将不辱。不辱以静，天地将自正。

【译文】道是永恒的，隐没无名，侯王若能守持天道法则，万物都将按照其自有的方式发展变化。在万物自然化育过程中，因受贪欲影响而强加个人意志的话，就要用"道"的真朴之性来抑制它。用"道"的真朴之性来征服它，就不会再起贪欲之心。没有贪欲自然会清静无为，天下万物将自然而然走向稳定、安宁。

【解析】本章老子再一次重申其社会政治思想的总原则——"无为而治"，并要求侯王要尊天道，顺民意，让一切社会活动以其自身规律而运行。

老子说，天道是永恒存在的，但是它无名无姓。它生发万物，又无时无刻不在"化育万物"，而只是它"生而不有，为而不恃，长而不宰"罢了。如果侯王能够遵循这一天道法则，那么一切社会活动都将有序运行，人民群众将会自我约束、自我管理、自我发展，矛盾也会自然化解，各得其所。可是大部分侯王不会纯任自然，总想有所作为，按照自己的主观意志横加干涉。这样正常的社会活动会受到干扰，遇到这种情况怎么办呢？老子说："吾将阗之以无名朴。""阗"是充实的意思。"朴"是指未加工的原木，是"道"的代名词，可引申为自然本性。"朴散则为器"，又指"道"的整体性。就是当欲念升起的时候，自己要有所觉知，并及时充实道性，即回归自性，让"良知"显现。回归自性，无为而治，看似没有作为，但不会辱没侯王的名声。如此才是作为侯王所应当守持的根本，天地万物都会回归正道。

德　经

第三十八章

上德不德，是以有德；下德不失德，是以无德。

上德无为而无以为也，上仁为之而无以为也，上义为之而有以为也，上礼为之而莫之应也，则攘臂而仍之。故失道。

失道而后德，失德而后仁，失仁而后义，失义而后礼。夫礼者，忠信之泊，而乱之首也。前识者，道之华也，而愚之首也。

是以大丈夫居其厚而不居其泊，居其实，不居其华。故去彼取此。

【译文】上等德行的侯王，自然无为，不显现其"德"，因此是谓有德；下等德行的侯王，有意而为，自以为有"德"，并处处表现，生怕失去德行，实际上还没有德。

上等德行的侯王，唯"道"是从，自然无为，因而无心作为。崇尚

"仁政"的侯王，虽然有目的而为，但没有私心，不求回报。崇尚"道义"的侯王，遇到事情后首先要判断它是否合乎道义，然后才决定其行为，因而是有心作为。崇尚礼制的侯王，讲究和追求形式上的东西，然而却没有谁愿意响应，于是便招呼别人跟随他去行动。

所以，我们从这个道理可以知道，失去了道后才强调德，失去德后才强调仁，失去仁后才强调义，失去义后才强调礼。礼这个东西，是忠信不足的产物，是道、德、仁、义变得淡薄时才出现的，当然就是社会动乱的祸首了。

认识事物不能凭经验主义，也不能让表面现象所迷惑，如果看不到事物的本质，那将是愚昧的开始。所以，能成就大业的侯王，注重于"道"，而不注重于"礼"；注重于本性修炼，而不注重于外表的修饰。故而治国方略要摒弃"下德""仁""义""礼"，而要选择"道"。

【解析】本章为"德经"的首章，如果说"道经"是宇宙生成法则和天地万物运行规律，那么"德经"就是由"天道"衍生的社会法则和人的行为准则。老子通过描述人类品行从道到德、到仁、到义，再到礼的退化过程，告诫侯王，成就大业不能靠粉饰外表，而要回归本性。

道家之"德"和儒家之"德"有本质区别。道家之"德"是指自然德性，大致有两层含义：第一层含义，德是道的作用。具体来说，就是按照事物发展规律所进行的一切实践活动。"道为德之体，德为道之用"。比如"道生一，一生二，二生三，三生万物"（第四十二章）的时候，道生万物就是道的作用，道具有生生之德。在前面的讲义中,我以羊绒为例进行了详细阐述。繁殖种羊、养山羊、生产羊绒、进行系列加工,以利益大众,这就是道之德。第二层含义"德"是"道"的特性,简单地说,德就是道性。如不争、清静、柔弱、谦让、无为、寡欲等等。如果这些特征体现在人身上,那么这个人就是得道高人,所以德是道性在人身上的体现。

儒家之"德"则是指人的品格,主要强调忠、孝、礼、义等行为规范,属于伦理范畴。《尚书·皋陶谟》中具体提出了"九德":"宽而栗,柔而立,愿而恭,乱而敬,扰而毅,直而温,简而廉,刚而塞,强而义。"

老子首先指出自然之"德"是内在的,伦理之"德"是外在的,二者是有本质区别。《明太祖御注〈道德经〉》中的解释比较符合老子本意:"大德周给万物不自矜,听其自然,所以有德,即是以有德。下德不失德,是以无德。谓德小而量薄,张其自己之能,反为无德,即是以无德。"在本章里,老子把为政方式分为两个类型五个层次。两个类型即无为和有为。无为的类型包括道和上德;有为的类型包括下德、仁、义、礼。五个层次即道、德、仁、义、礼。"上德"就是第十章讲的"玄德"和第二十一章的"孔德",指"道"生发万物、自然无为的特质,即圣人之道。"上德"不表现为外在有德,没有目的性和分别心,而又不求回报,也就是人们常说的"阴德"。"下德",有意为之又生怕别人不知道,而刻意标榜,因为是有目的性的,所以"无德"。"上仁"是有为而无我,虽然能无私奉献,但有差别,失去了"道"的公平原则。《礼记·中庸》:"仁者人也,亲亲为人。"《孟子》:"亲亲而仁民,仁民而爱物。""上义"是指达到

"仁"的外在行为,虽然有自我牺牲精神,但有功利心,其目的是想通过自己的行为来影响社会风气。"上礼"作为行为规范和政治制度,本身等级森严,更没有什么公平可言。"失道而后德"说的是失道则沦为德,那就与上仁相差无几了;"失德而后仁"说的是离开了无为的类型才有了仁。仁属于有为的范畴,而"失仁而后义""失义而后礼"说的是在有为的范围内所显示出来的不同层次。纵观德、仁、义、礼这几个层次,只有上德属于客观行为,即无为,其他都属于主观行为,即有为。

道与德、仁、义、礼之间是包涵与被包涵的关系,天下有道,德、仁、义、礼不用倡导,一应俱全。人世间往往是缺什么才强调什么。举个例子,有个人喜欢整天泡夜店,吃零食,长期生活不规律,结果得了口腔溃疡,孔子见状说,你赶快吃消炎药和维生素吧!老子见状说,等一等,我们先弄清病因再说。你平常是不是生活不规律,饮食不合理?是的。那就不用吃药,只要规律地生活,均衡膳食就可以了。孔子是哪病医哪,缺啥补啥,治标不治本。而老子则是从根上找原因。也就是说,时局如此混乱是由于背离大道、人心不古、私欲膨胀造成的,光靠补充维生素——仁、义、礼是不解决问题的。所以,老子认为抛弃了"道",才提倡"德";抛弃了"德",才提倡"仁";抛弃了"仁",才提倡"义";抛弃了"义",才提倡"礼"。礼,并不是礼貌、礼节,而是宗法制度,包括了法律制度。礼制的出现,是忠信稀薄的标志,是动乱的开头。这些政治理念都是华而不实的,都是权宜之计,治标不治本,作为大丈夫的侯王要注重本质的修炼,放弃外表的粉饰。只有顺应自然,无为而治才是正确的选择。"前识者"需要解释一下,《韩非子·解老》中说:"先物行、先理动之谓前识,'前识者',无缘而忘意度也。"前识就是以先入为主的方式评判事物,也就是带着自己的情感和成见去看问题。凭经验或者表象,是看不清事物内在本质的,往往容易被事物的表象所迷惑,距离真正的道会越来越远。所以,老子感叹:"前识者,道之华也,而愚之首也。"这样做,当然就是愚蠢的开端了。老子最后讲,"故去彼取此。"我不要站在"华"那儿,我要站在"道"这儿。

第三十九章

昔之得一者,天得一以清,地得一以宁,神得一以灵,浴得一以盈,侯王得一而以为正。其致之也,谓天毋已清将恐裂,谓地毋已宁将恐发,谓神毋已灵将恐歇,谓浴毋已盈将恐竭,谓侯王毋已贵以高将恐蹶。故必贵而以贱为本,必高矣而以下为基。夫是以侯王自谓孤寡不穀,此其贱之本与?非也?故致数舆无舆。是故不欲禄禄若玉,硌硌若石。

【译文】从前了解阴阳平衡道理的人都明白:苍天达到中和,就会清明;大地达到中和,就会安宁;神识达到中和,就会灵通;河流达到中和,就会充盈;侯王达到中和,天下就会太平。阴阳失衡,苍天不清明就会坍塌;大地不安宁就会崩裂;神识不灵通必将消亡;河流不充盈必将干涸；侯王如果不尊道贵德，高高在上，大权就会旁落。所以，贵以贱为根本，高以下为基础，因此侯王们自称"孤""寡""不穀"，这不就是以贱为根本吗？难道不是吗？如果自己对名利没有更多的欲求，那么，就不会把自己看成像宝玉一样尊贵，而是认为和普通垒墙的石头一样。

【解析】本章老子着重为侯王讲述了阴阳平衡的道理，当万事万物都处于阴阳中和的太极状态时，一切都会正常运行，一旦阴阳失衡，一系列问题都会出现，特别是统治者如果心态失衡，私欲膨胀，就会丢掉君位，天下大乱。

理解这一章的关键是要弄明白什么是"一"？在第四十二章中老子讲了道生万物的全过程，"道生一，一生二，二生三，三生万物。"很显然"一"是由"道"所派生出来的，再联系前几章"载营魄抱一""故混而为一""是以圣人抱一为天下式"，综合分析，"一"可解释为浑元一气，即阴阳平衡的状态，也就是太极。"一"生出阴阳两仪"二"，"二"便是阴阳矛盾的统一体。老子用天、地、神、浴、侯王五个例子说明了保持中和状态和阴阳失去平衡的结果。现在环境问题越来越引起人们的重视，由于工业"三废"的大量排放，森林的大规模砍伐，滥垦滥挖和盗猎过牧行为的屡禁不止，地球的生态平衡系统被打破，由此造成了三大环境问题，即臭氧层破坏、全球气候变暖和生物物种急剧减少，其直接后果是极端天气的频次增加。

因此，老子引出了"贵以贱为本，高以下为基"的主张，是说君与民也是一对矛盾，是相辅相成，互为依存的鱼水关系。老子最后告诫侯王们，要气定神闲，淡迫名利，不要把自己定位于一块美玉，而要定位于一块普通顽石。侯王如果把自己定位过高，就会自命不凡，高高在上，脱离群众，失去根基，像"墙上芦苇，头重脚轻根底浅"；侯王如果能把自己身段放低，混同于普通百姓，真正成为人民公仆，与老百姓打成一片，就会得到百姓的信任与拥戴，最终结果是天下太平，江山永固。

第四十章

反也者，道之动也；弱也者，道之用也。
天下之物生于有，有生于无。

【译文】反向运动是"道"的特征；柔弱是"道"的作用方式。

天下万物都是从"有"中产生出来的，这个"有"又是从"无"中化生出来的。

【解析】本章老子通过论述"道"的运动规律、"道"的作用方式以及"道"为天地万物的最初本原，旨在教人返本复初、守柔处弱，与"道"合一。

这一章文字简约，但内涵非常丰富。在这里，老子揭示了"道"的三大特征：第一大特征是"反"。"反"有三层意思：一是反面。

我们的主观认知和客观存在，往往是相反的。《道德经》中这样的例子很多，如"正言若反"（第七十八章），"大巧若拙，大辩若讷"（第四十五章），"明道若昧，进道若退，大方无隅，大器免成"（第四十一章）等等，站在相反的角度看问题，会看得更透彻。老子告诉我们遇事要学会换位思考。二是物极必反。任何事物都有其对立的一面，二者相互依存，相互转化，正所谓"正复为奇，善复为妖，人之迷也，其日固久矣"（第五十八章）。像太极图一样，阴阳此消彼长，互存互根，事物总是向着它的对立面运动转化，在临界点返回。这就是物极必反，月盈则亏，物壮则老的道理，所以老子在第58章说："祸，福之所倚；福，祸之所伏"。老子启示人们，不论做什么事情，都要把握一个度，适可而止，如果超越这个度，则会走向反面。所以，人世间没有绝对的好或绝对的坏，好坏是相辅相成的。污泥可以长出莲花，苦难可以磨砺人的意志。生活如波浪，有波谷，也有波峰。在高峰的时候，要低调谦和；在低谷的时候，不必意志消沉。"沉舟侧畔千帆过，病树前头万木春。"三是返回，即循环往复。老子所谓"天物芸芸，各复归于其根，曰静。静，是谓复命"（第十六章）。意思是说，不管万物是如何纷纭变化，最终又会回归到那个初始的"本源"。比如人从生到死，完成生命周期后，又尘归尘，土归土。潮涨潮落，花开花谢都是如此。马克思说：世界上除了运动，其他都是相对的。好坏不是固定的，它要依条件而定；条件也不是固定的，条件的出现还有条件。虽然好坏不固定，但是好坏永远存在。

第二大特征是"柔弱"。"道"已经设定好了事物发展的轨迹，比如天地运转，四季更迭，都不以人的意志为转移。就像市场机制这个无形的手一样，它潜在地发挥作用。这个无形的手看不见，摸不着，看似很柔弱，其实它的威力很大。也就是说，"道"在发挥作用的时候，用的是柔弱的方法，它顺其自然，任由一切事物依照自身规律发展变化，而决不强加干涉。道孕育了万物，却不主宰万物。如果统治者能够顺应大道，无为而治，那么君臣关系，君民关系一定会和谐融洽。

第三个特征是"生生之德"。关于这个问题前面已经讲了很多了。"道"是宇宙万物的本源，换句话说，"道"蕴含着宇宙万物的基因密码，万事万物都是由"道"演化而来的。对于任何一个事物，如果追本溯源的话，源头就是"道"。"无"是"道"的本质和核心，"有"是"道"的外在作用。第一章说，"无，名万物之始；有，名万物之母。""无"和"有"根本上是一回事，都是"道"。在对"道"认知之前叫"无"，在认知之后叫"有"。"道生一，一生二，二生三，三生万物"（第四十二章）。就是无中生有，有生万物这个意思。这就是道作为万物之母，先生出浑元一气，浑元一气是一种中和状态，其中包含着阴、阳二气，通过阴、阳二气相互作用，生成宇宙万物。

第四十一章

上士闻道，堇能行之；中士闻道，若存若亡；下士闻道，大笑之。弗笑，不足以为道。是以建言有之曰：明道如费，进道如退，夷道如颣。上德如谷，大白如辱，广德如不足，建德如偷，质真如渝。大方无隅，大器免成，大音希声，大象无形。道褒无名。夫唯道，善始且善成。

【译文】上士听闻道之后，能够勤勉而行；中士听闻道之后，将信将疑；下士听闻道之后，大加嘲笑。对听闻了道，连笑都不笑的人，根本没有必要跟他论道。因此，曾经有人说：本来大道光明，说起来却很费解；本来是依道前行，世人看起来却像倒退；本来大道很平坦，走起来却崎岖逶迤。德行圆满的人，好像很空虚；内心纯洁的人，好像有污点；德行广大的人，好像有缺陷；建立功德的人，看似很懒惰；本质纯真的人，思想好像很混浊。方正到了极致则不见其角，器物大到了极致则不见其成，声音大到了极致则不闻其声，物象大到了极致则不见其形。大道包罗万象，却无名无姓，但是只有道，善始善终地辅助万物成长。

【解析】本章老子通过对上士、中士、下士"闻道"之后的不同态度，进一步说明道是高深莫测，难以捉摸的。同时告诉人们，任何事情都要透过现象看本质，从而达到体道、悟道的目的。

"闻道有先后，术业有专攻。"能够在一起谈天论道的绝非普通黎民百姓，老子把士大夫阶层分成三个层次。由于每个人的根性不同，领悟能力各异，所以，听闻道之后的表现也各不相同。根性好的能马上去做；"中士"就是绝大多数人，有时候能想起来，有时候就忘了；根性差的只是笑笑而已。可见，体道、悟道是一件多么不容易的事情。中国有句老话:"百人闻道,十人悟道,一人行道。"孔子有言:"朝闻道,夕死可矣。"所以老子借用别人的口吻说:"明道如费,进道如退,夷道如纇。"这三句话什么意思?简言之,就是说不清,道不明,看不懂。本来是明摆的、前进的、平坦的,可是给人的感觉是难懂的,倒退的,崎岖的。本来大道很光明,可是世俗之人很难体会得到;明道之人虽然在前进,但是无为而为,不与世俗相争,因而看上去畏畏缩缩,好像在倒退;虽然走平坦大道,可是明道之人还是小心谨慎,好像在走崎岖山路。接着老子从深度、广度、现象和本质等五个方面又描述了悟道之人的种种表现:"上德如谷,大白如辱,广德如不足,建德如偷,质真如渝。""道"体现在人身上叫"德"。"上德""大白""广德""建德""质真"和"谷""辱""不足""偷""渝"正好一一相对。唉,现象与本质是两码事。讲到这里,我很想给大家唱首——《糊涂的爱》:

爱有几分能说清楚,

还有几分是糊里又糊涂。

情有几分是温存,

还有几分是涩涩的酸楚。

忘不掉的一幕一幕,

却留不住往日的温度。

意念中的热热乎乎,

是真是假是甜还是苦。

这就是爱说也说不清楚,

这就是爱糊里又糊涂。

这就是爱他忘记了人间的烦恼,

这就是爱能保持着糊涂的温度。

"道""德"和"爱"一样,只可意会,不可言传。

"道"和"德"在人身上的表现很难说清楚,那么,在自然界又是如何呢?不用说,应该差不多!"大方无隅,大器免成,大音希声,大象无形。"首先看看什么是"大"?老子在第二十五章专门下过定义,"吾未知其名也,字之曰道。吾强为之名曰大。"这里的"大"就是"道",大而无外,小而无内,"道"涵盖了"$0-\infty$",任何一个东西如果趋向"∞"的时候,你还能看到边,能听到音吗?所以,又是"视而不见,听之不闻,搢之不得"。就是这样一个看不见、摸不着、听不到的"道",却能够善始善终地辅助万物从生到死,循环往复。

第四十二章

道生一,一生二,二生三,三生万物。万物负阴而抱阳,中气以为和。

天下之所恶,唯孤寡不穀,而王公以自名也。物或损之而益,益之而损。故人之所教,夕议而教人。故强良者不得死,我将以为学父。

【译文】作为万物本源的道是宇宙游戏的设计者，先设计出游戏的程序"一"，程序一运行，游戏中的正反双方就开始发生作用，正反双方会在不同的条件下产生各种各样的结果。任何事物都是相互对立的统一体，有阴有阳，通过阴、阳二气相互作用，最终呈现出和谐状态。

天下人最厌恶的孤（无父）、寡（丧偶）、无养（失去双亲），而王公却用此来自称，以期得到各方信任。因为任何事物在发展过程中，有时候看似吃亏了，实则获益了；有时候看似增益了，反而减损了。所以对前人所讲的道理，不能全听全信，要加以甄别后再去传授。那些有自知之明的贤者是不会死搬硬套的，他们将成为我们学习的榜样。

【解析】本章老子从哲学层面对宇宙生成这个人类之谜，进行了系统阐释，天地之变尽于数，用数字说话最直观明了。从道之始直至生成万物，中间还经历了一、二、三的演化过程，简要来说就是从混沌到明晰，从全一到分裂，再从对立到交融，最终必须兼容并蓄才能创造出如此精彩纷繁的世界。

在天地生成之前，作为宇宙本源的"道"就已"先天地生"，浑然自成了。道从若有若无的混沌之中生出了浑元一气的"无"，"无"是蕴含一切生发基因的阴阳和合体，一动分阴阳，即为"二"；阴长阳消，阳生阴退，阴、阳二气交合冲荡之后所生的中和之气，即为"三"；在此消彼长的过程中，当外部条件成熟时，便有新的物质生成，便是万物。

"道"经过一系列的演化所生成的万物有着相同的特性，那就是负阴抱阳而又始终处于一种动态平衡之中。

随着时空的变化而变化,没有一个事物不随着时空的运转而变化。虽时间不同、环境不同、条件不同,但都是在其本因、内因的基础上,随着时空的运转,发生着千差万别的变化,这是大道的永恒规律。每一件东西都是如此,其本身既具有阴的一面又具有阳的一面,而且阴阳平衡。一旦阴阳失去平衡,打破了和谐局面,就会出问题,就像一个人阴阳失衡便会生病一样。

孤(无父)、寡(丧偶)、不穀(失去双亲)都是不吉祥的名词,所以人都很厌恶这些字眼,而高高在上的王公却用来自称。这正是在上位者不自尊、不自贵,虚心处下自谦的美德。一方面,太子即位,唯恐自己的才德不配位,同时这也是一种礼制,太上尚在,自称谦卑也为讨得太上欢心。另一方面,王公以孤寡自称,损去的是自尊自贵的虚荣心,与百姓同其心,会得到百姓的信任。万物皆是有益即有损,有损即有益,损益同源,所以损则必益,益则必损,物之不可终损,损到极处,则必增益;物之不可终益,益到极处,则必减损,这就是自然法则。

万物能够互利共生,那么人呢?正常情况下,人都会教你如何获益,很少有人教你如何吃亏。所以老子说对于从古人那里学到的道理,不能直接照搬照套,要经过反复甄别损益之后再去传授给别人,以免误人子弟。最后一句,通行本为"强梁者不得其死",一般解释为争强斗狠之人不得善终。这样解释很突兀,前后不恰。老子所谓的"强",就是能够战胜自己的人,即能自知之明,也就是能够认清本质。"良",是优秀。"不得死"的"死",意为不灵活,死心眼,死脑筋。这句话的意思是有自知之明的贤者不会冥顽不灵。

"父"是尊称，如管仲被尊为仲父，孔子被尊为尼父，范增被尊为亚父等等。这里"学父"，可译为学习的榜样。

第四十三章

天下之至柔，驰骋于天下之致坚。无有入于无间，吾是以知无为之有益也。

不言之教，无为之益，天下希能及之矣。

【译文】天下最柔弱的东西，可以任意穿透天下最坚固的东西。没有固定形状的东西，可以进入无缝隙的东西之中。若知虚无之有用，足知无为之好处。

对于"不言"的教化，"无为"的益处，天下很少有人能够企及。

【解析】本章老子通过讲述"柔弱胜刚强"的道理，进一步强调"无为而治"的重要性。

从字面上理解，天下最柔软的东西，可以驾驭天下最坚硬的东西。没有形体的能量，可以自由往来于没有间隙的物质。在自然界中，什么算是"至柔"？一般认为，水或者空气，而水和空气虽然柔，但算不上"至柔"。因为，毕竟看得见，或者感受得到，而只要感官意识可以捕捉到，就有了区间和范围，就谈不上"至"。另外，尽管水可以水滴石穿，润物无声；空气流动形成的风可以摧枯拉朽，力拔千钧。但是，如果阻力足够强大，水也会被降服，比如修坝筑堤，可以抵御洪水。至于空气，一个密闭装置就可以隔绝。那么，什么是真正的"至柔"呢？我想，往大了说，应该是无形无相的大道；往小了说，就是能量或规律。因为"视之不见，听之不闻，搏之不得"——就是大道。道是宇宙万物生成和运动变化的动力源，道极细极微以至于无，道无处不在，正如庄子所言，"道在蝼蚁、在稊稗、在瓦甓、在屎溺。"比如量子纠缠这种所谓的超距作用能力，应该是道本具足的能力。只有这种能力，才称得上驰骋于天下至坚。"天下之至坚"，代表任何有形的力量，大道的特性就是柔软，那么坚硬一类就属于背道而驰的一种力量，正所谓"坚强者死之徒，柔弱者生之徒"。"柔软胜于刚强"，才是老子想要表达的主题。

"驰骋"，意即驾驭。大道可以驾驭任何有形的力量。为什么呢？因为道的属性是自然无为。随顺事物本性，随顺自然法则，事情可以迎刃而解，水到渠成。按规律，按规则，按部就班，自然而然的就可以促成一切。任何事物都具有对立面，凡是这个世界上存在的事物，都绝不是孤立的，都不是单独的存在，都是相生相克，相辅相成的。所以，再难的问题，只要你用心，一定可以找到解决的方法和途径。大道无为，圣人不争，无为并不是不作为，只不过是不用强力而已。"无有入无间"的"无有"，不是没有，而是有，但是无法感知。或者说形象一点，无有就是能量；无间，代表具体的事物、物质。真正左右具体事物的是无形的能量。"无有入无间"，同于大道，就可以穿越一切阻碍，自由，通达，看似无为，但无所不为，无所不往。无还可以理解为事物发展规律或运行机制，比如市场的供求规律，虽然看不见，但它起作用。

当时的统治者在欲望的驱使下，靠苛政统治百姓，靠武力争夺地盘，这都是强硬和"有为"的手段，根本意识不到自然法则的好处。侯王若能悟透大道这种无为之妙，只须观天之道，顺势而为，而又何须自作多情，庸人自扰呢？不言之教诲，却能使天下不教而明，不令而行。所以老子一再强调，要向自然学习，以万物为师，实现柔性政治，以柔克刚，言传身教，德耀天下。

第四十四章

名与身孰亲？身与货孰多？得与亡孰病？

甚爱必大费，多藏必厚亡。故知足不辱，知止不殆，可以长久。

【译文】名节与生命相比哪个更重要？生命与财物哪个更珍贵？得到财物与失去生命哪个更有害？

过分追求名利，必将会导致巨大亏损。所以，人的内心知道满足就不会使自己受到耻辱，人的行为能够做到适可而止就不会遭受危险，这样便可以平安长久。

【解析】本章老子主要讲了一个价值观的问题,告诉人们要正确对待名利得失。开头三句反问,道理大家都明白,可是受人性使然,做起来却很难。

社会是人生的竞技场,"天下熙熙皆为利来,天下攘攘皆为利往"。人为了追求名誉、地位、财富,勾心斗角,尔虞我诈,巧取豪夺,有的甚至付出生命的代价。特别是在老子所处的那个年代,统治者贪恋权力、美色、金钱和名誉靡然成风。为了告诫统治者收敛贪欲,修养德行,通过"名与身""身与货""得与亡"的比较,孰轻孰重,不言自明。"身"指身家性命。崇尚名利之人,皆以"人为财死,鸟为食亡","人不为己,天诛地灭"为信条。老子警示人们要抵制声色犬马的外在诱惑,明白轻重、本末的道理,从而确立正确的人生观和价值观。这里的"知足"不能理解为得过且过,不思进取,而是对现实境遇全然接纳,随遇而安。本章核心要旨,是通过得与失的辩证关系,告诫世人:名利财货等身外之物,不可长保,皆是过眼之烟云,切不可舍本逐末,因小而失大,甚至自遗其咎。

第四十五章

大成若缺,其用不弊。大盈若冲,其用不穷。大直如诎,大巧如拙,大赢如绌。躁胜寒,静胜炅。清静可以为天下正。

【译文】真正获得了大成就，也应感到有缺憾，其收获会越来越多。真正学识丰富也不能自满，要保持谦虚的态度，其进步的潜力会越来越大。最正直的人外表看似委曲随和，真正有技巧的人看似很笨拙，真正富有的人看似很不足。因此，骄躁的人只能得到别人的冷嘲热讽，保持平静的则会受到人们的欢迎和赞誉。清静无为才是天下的正道。

【解析】本章老子表达的核心意思是虚心使人进步，骄傲使人落后，作为统治者一定要谦虚谨慎，戒骄戒躁，不论在什么情况下都要做到清静无为。

老子针对大部分统治者自命不凡，居功自傲，甚至贪天之功据为己有的弱点，提醒人们要低调做人，即使有所成就，也不能沾沾自喜，洋洋得意，更不能居功自傲。"大成"应该就是完美无缺的成就；"若缺"应该是一个如何看待"大成"的问题，也就是说侯王面对其"大成""大盈"仍要抱着"若缺""若冲"的态度，即不满足、不骄傲，也就是老子所说的"不自视""不自见""不自伐""不自矜"，这样才能"其用不弊""其用不穷"。子曰："三人行必有我师。"以孔子这样的千古圣人尚能不耻下问，何况侪辈凡夫俗子。大海不择细流，故能成其汪洋；泰山不择尘土，故能成其崔嵬。在此，举个项羽和刘邦的例子，项羽可谓雄才大略，但是为人刚愎自用，瞧不起韩信，又不听谋士范增之言，鸿门宴上放虎归山，最终导致自己四面楚歌，自刎乌江。

相比之下，刘邦虽然才略不及项羽，但是为人谦逊，虚心纳谏，赢得了张良、韩信这样的旷世奇才，终于打败楚霸王，建立了大汉王朝。

老子就以什么样的态度对人、对己、对事,提出了明确要求。"大直如诎"是对待民众的态度。司马迁评价汉代大儒叔孙通时说:"大直若诎,道固委蛇,盖谓是也。"意思是说,最正直的人外表反似委曲随和,事理本来就是曲折向前的。在严酷的社会现实面前,为了达到目的有时候也得委曲求全,大丈夫能屈能伸。"大巧如拙"是对待自身的态度。所谓高明的招数对于治理邦国有好处,但还是要保持朴实的本分。"大赢如绌"是对待成功的态度。就是尽管有所成就却仍不能满足。

老子在本章结尾给出的结论是"躁胜寒,静胜炅。清静可以为天下正"。一看这句话就犯怵,翻遍所有译本,比较一致地译为"疾走可以战胜寒冷,清静可以战胜炎热。清静才是治理天下的正道"。老子确实伟大,这完全应该申请发明专利。冬天北方人就放开腿跑吧,取暖费也不用缴了;夏天南方人就静坐吧,空调也不用开了。是这回事吗?这和上下文有什么联系?我在此斗胆冒犯各位前辈了,请多多原谅!"躁胜寒,静胜炅"中的"躁"和"静"应当是指侯王的作风,有个成语叫戒骄戒躁,就是警惕并防止产生骄傲和急躁情绪。"躁"是私欲膨胀,浮躁轻狂的意思;"静"是平心静气,冷静低调的意思。关于这个问题老子在第26章已经交代过了,"重为轻根,静为躁君"。静指性命,躁指嗜欲之情。情必由性而发,故静为躁之君。"寒"和"炅"是指老百姓对侯王的态度,"寒"表示冷嘲热讽,"炅"表示欢迎赞美。"胜"是赢得,获得的意思。这就很容易得出"清静可以为天下正"这个结论。

第四十六章

天下有道，却走马以粪；天下无道，戎马生于郊。罪莫大于可欲，祸莫大于不知足，咎莫憯于欲得。故知足之足，恒足矣。

【译文】统治者如果行于大道，天下太平，就连战马也能从事农业生产；如果背道而驰，祸乱四起，就连怀孕的母马也要上战场。所以，罪过莫大于欲望膨胀，祸害莫大于不知道满足，凶险莫大于欲望得以放纵。所以，知道满足的富足平衡心理，才是永远的富足。

【解析】本章充分表达了老子的反战思想，把有无战事看作天下"有道"与"无道"的重要标准。同时还指出了"可欲""欲得"是导致"无道"和战争的根源。

"天下有道，却走马以粪；天下无道，戎马生于郊。"这句话的言外之意是说，统治者应遵循大道，引导民众从事农业生产，而不要发动战事。春秋后期，各诸侯国不断发动战争，黎民百姓在乱世之中妻离子散、家破人亡，处境极为悲惨。老子站在民众的立场上，表达了对统治者发动战争的不满。

"罪莫大于可欲"，这里的"罪"是罪恶、罪行或犯罪的意思。

什么是"可欲"呢？就是放纵欲望。在春秋乱世中，诸侯攻城略地的欲望强烈，为了满足欲望而互相争夺，所以老子才把"可欲"视为一种罪恶的行为。

"祸莫大于不知足"，这里的"不知足"是人类的共性，所以才有了成语欲壑难填，它会让人产生种种苦恼，同时它也会引诱人们失去道义，不择手段。诸如杀人越货、发动战争等等。因此，老子把"不知足"说成是人类最大的祸患。

"咎莫大于欲得"，这里的"咎"即大的过错或灾难；"欲得"指的是欲望得到满足。这句话的意思即最大的过失是贪得无厌。如果说"可欲"与"不知足"是罪恶、祸患的根源，那么"欲得"的后果就更为严重。纵欲是一种不知收敛的放肆行为，如果任其发展，后患无穷。

以上老子用三个排比句，高度概括了命运与贪欲的辩证关系，人要少私寡欲，知足常乐。"祸福无门，唯人自召。"懂得控制欲望，就不会有罪过；懂得满足，就不会有灾祸；懂得适可而止，就不会遭殃。古往今来，多少贪夫殉财，常常由于贪得无厌，不知足、不知止，而栽进了罪恶的泥潭，清朝的和珅就是典型一例。借此机会，再讲个故事：

明朝时，江西有一个叫胡九韶的人。他家里很穷，要一面教书，一面努力种地养活家人。但每天傍晚，胡九韶都要到门口去烧香，向着天空拜几下，感谢苍天赐予他一天的清福。妻子笑话他说："我们每天吃的都是菜粥，哪里谈得上有什么清福呢？"胡九韶说："首先，我要感谢上天让我生活在太平盛世，没有战争兵乱；我还要庆幸我们全家人都有饭吃,有衣穿;再者,我还要庆幸家里没有病人,家人也没有因犯了法而坐牢的。拥有这些已经足够了,这不是清福又是什么呢?"

综上所述,贪婪是一切灾祸的根源。统治者为了满足贪婪的欲望而发动战争,结果人民深受其害;我们普通人为了满足贪婪的私欲,也会铤而走险。人心不足蛇吞象,欲望是一个无底洞,如果我们深陷其中,所付出的代价将是无法估量的。老子警示我们,一定要借鉴大道无欲无争的品德,尽情享受美好生活。所以,老子在本章的最后大声疾呼:"知足之足,常足矣。"

第四十七章

不出于户,以知天下;不窥于牖,以知天道。其出也弥远,其知弥少。是以圣人不行而知,不见而名,弗为而成。

【译文】不必走出门户,就能推知天下的事理;无需向窗外张望,就可知晓宇宙变化的规律。往外奔波得越远,反而对天道感悟越少。

所以,有"道"的圣人纵然足不出户,也能够推知事理,即便不用亲眼所见也能明辨是非,即便不强势作为也会有所成就。

【解析】这一章主要讲了如何体道、悟道的问题。老子强调悟道不能舍本逐末，纯任感觉经验是靠不住的，应该在自我修持上下功夫，也就是"吾性自足，不假外求"。

世人常说："读万卷书，行万里路。"就普通人而言，在很大程度上，是通过读书学习、调查研究来增长见识，开阔思路，从而获得成功。就是说人们的很多认知都基于前人的经验积累，基于对现实的见闻觉知。但是就个体而言，一个人即便穷尽一生潜心研究前人的智慧，"出户"走遍天下，又能知晓多少事情？《庄子·养生主》有这样一句话："吾生也有涯，而知也无涯。"人的生命是有限的，然而知识却是无限的，何时是尽头？而前人的经验是带着每个人的情感判断所得到的，有多大成分是可信真实的？行万里路也只能是了解个大概，能深入事物的本质吗？这里老子并不是反对人们学习知识，而是在强调心灵感悟的重要性。稻盛和夫说："很多人重视身体管理，才智管理，却忽略了心灵管理。"就是说世人往往是注重头脑的作用，而忽略了心灵的潜能。头脑和心灵本质上是有差别的，头脑是理性的、是物质的，它是用来存储知识的，头脑总是从一个局限的角度和过去的经验解释当下和世界。而心灵是感性的、是精神的，它是用来把握方向的，心灵能够全方位感知宇宙、洞察人生。用一个形象比喻，头脑就好像是一台电脑的硬件，心灵则是运行系统的软件。比如西方的哥白尼提出"日心说"认为，太阳是宇宙的中心，地球和其他行星都绕太阳转动，地球不是宇宙的中心，而是一颗普通行星。这一学说显然不符合人们的认知，也不符合历史经验，当时罗马天主教廷并不接受，所以哥白尼的学说久久得不到合理的使用与宣传。而有一个人就曾经为了宣传哥白尼的"日心说"，而被黑暗的宗教势力活活烧死在罗马的广场上，这个人就是伟大的科学先行者布鲁诺。再比如，孩子生下来一懂事，父母就灌输这个能做那个不能做，这个是好的那个是坏的，等等。王阳明也是在总结格竹失败的教训后，认识到穷其毕生精力，也格不尽事事物物之理。于是，龙场一悟，豁然开朗："圣人之道，吾性自足，向之求理于事物者误也。"黄梨洲（讳宗羲）先生在对于王阳明的"龙场悟道"是这样描述的，"先生之学，始泛滥于词章，继而遍读考亭之书，循序格物，顾物理吾心终判为二，无所得入。于是出入于佛、老者久之。及至居夷处困，动心忍性，因念圣人处此更有何道？忽悟格物致知之旨，圣人之道，吾性自足，不假外求。其学凡三变而始得其门。自此以后，尽去枝叶，一意本原，以默坐澄心为学的。"

人的心中都有良知，之所以不能正确判断，是因为被私欲遮蔽。比如知冷知热还需要学习吗？圣人不出门，能知天下事，凭借的是他自身的修养功夫，是对人体基因组这一天书的破译。人体基因组是宇宙的全息缩影，记载了宇宙万物及人类有史以来的所有信息，是一部"活的宇宙百科全书"。只要具备了查阅这一天书的功夫，就可以足不出户而遍知天下大事；不窥探窗外，就可以知道日月星辰的运转情况及其规律。世界真奇妙，我想去看看。看了之后，会有什么收获呢？不外乎是领略自然风光，体味风土人情，了解奇闻异事等等。看到和听到的这些东西很有可能会激发欲望，扰乱心志，对修行悟道并无益处。因为走得越远，知道的事情越多，被迷惑误导的可能性也越大。外求不如内观，人心含天理，天理在人心。儒家有言，"行有不得，反求诸己"，一切都在方寸之间。总而言之,一句话,向外求之,不如潜心悟道。

世界上有很多我们不知道的东西,但你有没有想过,我们甚至也不知道自己。

第四十八章

为学者日益,闻道者日损,损之又损,以至于无为,无为而无不为。取天下也,恒无事,及其有事也,又不足以取天下矣。

【译文】如果侯王太在乎自己的作用,处处事必躬亲,刻意成为民众的典范,那么政务势必与日俱增;如果侯王听从道的指引,顺其自然,那么政务会越来越少,减少再减少,方可进入"无为"的境界,虽然"无为",而无所不为。想得到天下,就要本着顺应"自然",不强生事端的原则,当侯王不能顺应"自然",不断滋生事端,则不可能夺取天下。

【解析】本章老子主要讲述了"有为"与"无为"的关系问题,并强调"取天下"不能靠"有为",而要顺乎天理,顺乎民心,顺其自然。

这一章看似简单,其实很难理解。要正确解读此章,首先要明确三个基本前提,一个前提是"学"取"身教"之义。在"绝学无忧"章中已经解释,在这就不多说了。另一个前提是老子言说的对象不是普通老百姓,而是侯王,因为本章的落脚点是"取天下"。第三个前提是所指客体是一致的。"日益""日损"应当指向同一客体,即所做的事情。最后到达"以至于无为"。如果承认了这三个前提,那么事情就好办了,难题也迎刃而解。

　　老子明确指出,如果侯王想把自己当作民众学习的楷模,觉得自己很重要,时时处处都亲力亲为,看似很"有为",其实到头来好多时候都是瞎忙活。因为政令也好,制度也好,大多都带有自己的感情色彩,有些甚至是违背自然规律的,所以往往是欲速不达,事倍功半。侯王越"有为",老百姓越不自由。正所谓"我无为而民自化,我好静而民自正,我无事而民自富,我无欲而民自朴。"(第五十七章)侯王不强迫百姓做事,百姓自然会归化;侯王不给百姓找麻烦,民风自然会端正;侯王不生事端,百姓自然会富足;侯王无私无欲,百姓自然会纯朴。因循天道的侯王,"以辅万物之自然而弗敢为"(第六十四章),万事万物都能够按照各自的规律发展运行,不去人为干扰,所以侯王显得清静自在,要做的事情越来越少。侯王"无为",天下事才能顺其自然,无所不为。

　　天下本无事,庸人自扰之。

　　所以,老子明确提出,不论是夺取天下,还是治理天下,既不能以个人的意志为转移,也不能人为滋生事端,一切都要顺其自然。

第四十九章

圣人恒无心，以百姓之心为心。善者善之，不善者亦善之，德善也。信者信之，不信者亦信之，德信也。圣人之在天下，歙歙焉，为天下浑心，百姓皆注其耳目焉，圣人皆孩之。

【译文】圣人没有自己的个人主观意愿，以百姓的意愿为自己的意愿。对你好的你要善待他，对你不好的你也要善待他，这样就可以实现人人向善的目标；对你信任的你要信任他，对你不信任的你也要信任他，这样就可以相互信任。圣人在治理天下的时候，要特别注意约束自己的言行，与百姓打成一片，并能站在群众的角度考虑问题，圣人对待百姓就像大人对待小孩一样，呵护备至。

【解析】本章的核心是要求圣君要有群众意识，在其位修其身，谋其政，爱其民，全心全意为民造福。圣人以大道为根本，不因为环境和人情的改变而改变，所以对善和不善，信与不信的人都以一样的善良之心对待。

"心"是指思想与意识。圣人没有功利之心和分别心，圣人是超越自我意识，秉承天道为民造福的人。起心动念，治国理政一切从群众利益出发，用现在流行的话说就是"以人为本""执政为民""权为民所用,情为民所系,利为民所谋"。具体来说圣人应该具备什么样的品质？老子给出答案：一个是"善"。这个"善"不是善于的意思,而是善良。如果别人对你好,你也要同样对别人好；如果别人对你不好,你也要对别人好,平等地对待每一个人。另一个是"信",信任你的人,你要信任他；不信任你的,你也要信任他。每个人的思想境界、价值取向、觉悟程度不尽相同,所以对统治者的看法不尽一致。有赞美的,也有厌恶的,但是统治者的原则是"以百姓心为心",因此,不能因民众对自己的态度而差别对待,这就是圣人之德！

第五十章

出生入死,生之徒十有三,死之徒十有三,而民生生,动皆之死地之十有三。夫何故也？以其生生也。盖闻善执生者,陵行不辟兕虎,入军不被甲兵。兕无所揣其角,虎无所措其爪,兵无所容其刃,夫何故也？以其无死地焉。

【译文】人从出生到死亡,能够尽其天年、寿终正寝的,十个里有三个；中途自然夭亡的,十个里有三个；想让自己长寿,采取各种养生措施折腾死的,十个里有三个,这是什么原因呢？因为他们保养生命的办法太过分了。听说善于把握生命的人,在丘陵之上行走不用躲避犀牛和老虎，进入军阵之中不用穿铠甲、带兵器。犀牛用不上它的角，猛虎用不上它的爪，士兵用不上他的武器。这是什么原因呢？因为他们不将自己置身于危险的境地。

【解析】这一章老子主要阐释了安全生存法则——修持德行，涵养元气，清静寡欲，自然无为。并运用夸张的手法描述了"无为"与"不争"的益处。

老子总结了人活在世上的生存概率，前两种寿终正寝和自然夭折属于正常情况；后一种则是人为所致。导致后一种结果的根源就是贪欲，贪欲是人类与生俱来的本性，它像魔鬼一样，会一点一点吞噬人们善良的心灵，甚至生命。人都希望长生不老，特别是位高权重，贪图安逸的帝王，酒肉餍饱，奉养过厚，结果事与愿违。秦始皇就是典型的例证。秦始皇统一六国之后，寻遍天下名士，炼制仙丹。其中有一位术士告诉秦始皇，说东海有一座仙山，上面住着许多神仙，那里有长生不老仙药。于是，他便带了五百童男童女去东海寻找，秦皇岛就由此得名。本来就是无稽之谈，哪能找得到。术士一想，返回中原也是一死，不如干脆东渡日本。这就是历史上赫赫有名的徐福，后来被日本人尊为祖先。秦始皇又吃了其他术士炼制的金丹，慢性中毒而亡。唐宋时期，服食金丹的风气依然非常盛行。唐朝的几位皇帝，如太宗、宪宗等都是因服金丹而死的。在中国历史上类似的帝王不胜枚举。帝王如此，普通人何尝不是这样，人活在世上整天折腾，穷的时候往富折腾，富了之后再往穷折腾；健康的时候往病折腾，病了之后再往死折腾。

《道德经》第五十五章说:"含德之厚,比于赤子。"就是说德行修养深厚的人,好比刚刚出生,毫无心机的婴儿,一切凶险的毒虫猛兽都不会伤害他。由于婴儿没有贪心、杀心和惧怕心,完全是一种自然淳朴的状态,因此毒虫猛兽不仅不会伤害他,甚至会呵护他。《道德经》第十三章说:"吾所以有大患者,为吾有身,及吾无身,有何患?"我之所以有忧患,是因为我把自身看得太重了,如果我不考虑自身的名利得失,还有什么忧患呢?这里,老子所要表达的意思是,造成人与人之间的争端也好,不快乐也好,主要是私欲在作祟。如果心如止水,不为物役,一切都能顺其自然,与世无争,那么就不会有什么危险的事情发生,内心也会很快活。无私就无畏,"事能知足心常乐,人到无求品自高。"

《庄子·达生》中有这样一则对话,列子说:"道德修养臻于完善的人,潜行水中却不会感到阻塞,跳入火中却不会感到灼热,行走于万物之上也不会感到恐惧。请问为什么会达到这样的境界?"关尹回答说:"这是因为持守住纯和之气,并不是智巧、果敢所能做到的。坐下,我告诉给你。大凡具有面貌、形象、声音、颜色的东西,都是物体,那么物与物之间又为什么差异很大,区别甚多?又是什么东西最有能耐,足以居于他物之先的地位?这都只不过是有形状和颜色罢了。大凡一个有形之物却不显露形色而留足于无所变化之中,懂得这个道理而且深明内中的奥秘,他物又怎么能控制或阻遏住他呢!那样的人处在本能所为的限度内,藏身于无端无绪的混沌中,游乐于万物或灭或生的变化环境里,本性专一不二,元气保全涵养,德行相融相合,从而使自身与自然相通。像这样,他的禀性持守保全，他的精神没有亏损，外物又从什么地方能够侵入呢！"

关尹又说："醉酒的人坠落车下，虽然满身是伤却没有死去。骨骼关节跟旁人一样而受到的伤害却跟别人不同，因为他精神凝聚完备、不分散，乘坐在车子上也没有感觉，即使坠落地上也不知道，死、生、惊、惧全都不能进入到他的思想中，所以遭遇外物的伤害却全没有惧怕之感。那个人从醉酒中获得保全完整的心态尚且能够如此忘却外物，何况从自然之道中忘却外物而保全完整的心态呢？圣人融入天地自然，所以没有什么能够伤害他。"

人不是被外物所伤，其实更多的是被自己所伤，被自己的种种情欲所伤。所以只有保有内心的纯净与完整，不为外物所扰动，就能最大限度保养生命。

第五十一章

道生之而德畜之，物形之而器成之。是以万物尊道而贵德。道之尊，德之贵也，夫莫之爵而恒自然也。

道生之、畜之、长之、遂之、亭之、毒之、养之、复之，生而弗有也，为而弗恃也，长而弗宰也，此之谓玄德。

【译文】道生成了万物，德养育了万物，万物呈现出各种各样的形态,合适的环境使万物成长。因此,万物没有不尊敬道而重视德的。所以万物都尊崇道而珍惜德。道的尊位,德的可贵,并非像爵位一样是人为加封的,而是本来就如此。

道的作用之于万物,体现在生育、蓄积、发展、成熟、庇护、除害、抚育、往复的全过程,但它缔造万物而不占有,成就作为而不居恃,作为领袖而不宰制,这称之为"玄德"。

【解析】这一章主要论述了道、德与万物的关系的问题,"明天道以喻人事",启发统治者借鉴天道,达到"玄德"境界。

从宇宙万有的发生上说,"道"为万物本源;从宇宙万有的变化上说,"道"为总的法则。"道"是有关宇宙论的学问,而这一学问是由逆向归纳而得来的。人们以所能见到的万物向上推断:万物的本源出于"道"。"道"是弥漫在宇宙之中的一团中和之气,是以能量的方式存在的,它蕴含着生发万物的所有因子,一旦条件成熟就可产生万物,这就是道生万物的基本原理。物为道所生,德为道之显。德是运用道生万物的规律进行实践的过程,也是赋予万物形态和功用的过程。比如,道的基因组织生成了鸡,道的规律告诉鸡能生蛋,蛋能生鸡,那么用蛋孵化鸡、养鸡生蛋以及下游产品的开发,统统属于德的范畴。所有叫"德畜之""物形之而器成之"。《易经·系辞》:"形而上者谓之道,形而下者谓之器,化而裁之谓之变,推而行之谓之通,举而措之天下之民,谓之事业。""形而上"是指万物有形象之前而言,即"无"的状态;"形而下"则是指万物有形象之后而言,即"有"的状态,也就是"器世界"。宇宙万物的演化过程,其实就是从无形无象到有形有象,再到发挥功用,为人所用。所以,万物非道不能生,非德不能成。可见道和德的地位多么崇高,作用多么可贵,但是这一切并非像爵位一样是人为加封的,它本来就如此。道生万物,是一种自然而然的过程,而绝非人为所能达成。道不但生万物,乃至畜、长、遂、亭、毒、养、覆,即春生夏长秋收冬藏每一个过程,都是无微不至,百般呵护,无所不到,就像母亲含辛茹苦养育子女一样。其目的就是为了使万物健康成长,完成自己的循环过程,以尽其自然天性。道生万物,自然无为,虽为万物之母,但不据为己有;生不辞劳,育不图报,功不自恃;道尽管掌握着万物从生到灭的命运,但它不任意宰割;生而不占有,为而不自恃,长而不自宰,谁能忘其功?这种境界就叫"玄德"。

第五十二章

天下有始,以为天下母。既得其母,以知其子,既知其子,复守其母,没身不殆。塞其兑,闭其门,终身不堇;启其兑,济其事,终身不棘。

见小曰明,守柔曰强。用其光,复归其明。毋遗身殃,是谓袭常。

【译文】天下万物都源于初始状态"无"这个因子,这是生成万物

"有"的根源。完全了解了事物的根源,也就可以了解具体事物的发展规律;完全了解了具体事物的发展规律,就可以回归到事物生发的根源,了解了这一规律,就不会有危险。在这种情况下,即使关闭了与外界接触的感官系统,也不会降低自己的判断力。即使是通过感官系统接触大量信息,处理许多繁杂问题,也不会感到棘手。

能够洞悉具体的事物可称之为"明",能够把握事物的发展规律为"强";通过了解具体事物的发展规律,便可明白宇宙万物的道理。这样就不会给自己带来灾祸,可称之为"袭常"(洞察秋毫)。

【解析】本章主要讲了认识事物发展规律的问题。知本可以逐末,逐末可以返本,如果能够掌握事物循环往复的规律,那么就会洞察秋毫,一切问题都能迎刃而解。

事有始人有终。天下万物都是从"无"开始的,因为"无,名万物之始",所以它是生成万物的本源。如果能够知晓万物的本源,也就是知道母亲的法则,即"道"的特性,那么就可以了解一个具体事物的发展规律,因为万事万物都是"道"之子;同样,如果掌握了某一事物的发展规律,那么也可以追溯到万物的本源,这样就不会有任何危险。这时,大家一定会反问:难道悟道之后人生和事业就没有坎坷了吗?不是的,挫折和坎坷照样会有,只是悟道之人的思想境界已经超越凡夫俗子,认为这一切都属"自然",因此内心没有遗憾,没有痛苦。也就是人们常说的,"我改变不了世界,但可以改变对世界的看法。"即使对外界情况一无所知,但也不会影响对问题的判断;即使看到外部的诱惑,面临复杂的问题,也不会束手无策。"兑",王弼注:"事欲之所由生。""门",则是:"事欲之所由从也。"总而言之,就是一切欲念所发生的源头。而我们就要在这繁复错综的世事中,找到它的源头,把它堵起来,使一切纷扰无法滋生。"堇",本义为"少",引申为降低。就是这些道理有可能被纷繁复杂的事物所遮盖,看不清哪个是本、哪个是末,但是老子说,凡事一定要透过现象看本质,这就是认识事物的法则。因为已经对事物的发展趋势了如指掌,所以处理起问题来就游刃有余。见微知著就是"明",因为以小可以见大,睹始可以知终,窥一斑而知全豹,能够举一反三,通过一点知道全局。在处理问题时要因势利导,不能揠苗助长,恣意妄为,看似柔弱无为,却有事半功倍之效。"物壮则老""兵强则灭""木强则折",刚强往往是败亡的象征,而柔弱却是新生的标志。能够完全掌握事物的发展规律,料事如神可称之为"袭常","袭"是隐藏起来的意思,袭击、偷袭。袭常引申意为洞察秋毫,袭底尽明,佛家叫同体大悲,就是对事物已经彻头彻尾的了解了。

第五十三章

使我挈有知也,行于大道,唯他是畏。大道甚夷,民甚好解,朝甚除,田甚芜,仓甚虚。服文采,带利剑。厌食,货财有余。是谓道夸。道夸,非道也哉。

【译文】要让人们从主观意识专注于对"道"的把握,即使行于大道之中,仍需谨慎小心。因为大道隐微而又遥远,所以人走着走着就懈怠了。你看朝纲已经保不住了,田地荒芜了,仓廪空虚了。可是有些人还穿着华美的衣服,佩戴着锋利的宝剑,腻味精美的饮食,囤积大量财货。这都是对"道"的歪曲,并非是真正的"道"。

【解析】本章主要讲了识道、行道和守道的问题。大道无形,人很容易误入歧途或背道而驰。老子警告统治者,只要偏离了道,就意味着失去江山社稷。

老子强调,要使自己从主观意识上重视对"道"的体悟和把握,即使是行走在道上也要慎之又慎,小心偏离了"道",误入歧途。挈,悬持也,引申为持握或掌握。大道是无形的,隐微的,不像大马路能看得见,道是在潜在地发挥作用。"捪之而弗得,名之曰夷。""夷"在《道德经》中不是平坦的意思,应当是不能直观的感知,潜在的意思。因为"道"很隐微,所以很容易被人忽视,偷懒懈怠。偷懒懈怠不要紧,误入歧途,背道而驰就麻烦了。你们看看有多少君王由此而失了民心,丢了官位,毁了天下,最后身败名裂。难道不是吗?君道秕僻,朝纲日陵,权门兼并,百姓流离,田地荒芜,仓廪空虚。面对这样的图景,统治者却穿着漂亮、奢华的衣服,佩戴着象征着身份和地位的宝剑;所有好吃的东西都吃腻了;家里还藏有大量的金银财宝。这些看似仁义道德的君主其实是道貌岸然的败类。

第五十四章

善建者不拔；善抱者不脱，子孙以祭祀不绝。修之身，其德乃真；修之家，其德有余；修之乡，其德乃长；修之邦，其德乃丰；修之天下，其德乃博。以身观身，以家观家，以乡观乡，以邦观邦，以天下观天下。吾何以知天下之然哉？以此。

【译文】善于将天下建立在天道基础之上，天下的根基就不会被动摇；善于坚守本心不脱离，家族就会世代相传，香火不断。以"道"修养自身，其德行就会返朴归真；以"道"修家，其家的德行就会吉庆有余；以"道"修乡里，乡里的德行就会长久绵延；以"道"修邦国，邦国的德行就会丰厚兴旺；以"道"修天下，天下的德行就会普遍广博。所以通过观察自身，可以观察天下所有人的修身状况；通过家庭，可以观察天下所有家庭的家风状况；通过乡里，可以观察天下所有乡里的乡风状况；通过邦国，可以观察天下邦国的民风状况；通过社会风气，可以了解全天下的道德水平。我是如何能够知道天下是什么样子呢？就是凭借这个。

【解析】本章老子重点论述了"道"的功用，即修身立德的好处。旨在教人以"道"修身，并逐步推广到家、乡、国，乃至于天下。通过观察个体和群体的行为表现就可以了解修身、齐家、理乡、治国、平天下的效果。

研究这一章,首先要弄明白"善建""善抱"和"祭祀"之间的关系。我认为,"善建""善抱"是保证"子孙以祭祀不绝"的前提。关于"善建"的"建",联系前后文分析,应该指"建德",以"道"修身立德。因为后面评价修身效果用的都是"其德乃……"句式。关于"善抱"的"抱",意蕴比较深刻,联系整部《道德经》综合分析,应该是"抱一"。前面章节多有涉及,如"载营魄抱一""是以圣人抱一为天下式""多言数穷,不若守于中""昔之得一者,天得一以清,地得一以宁,神得一以灵,浴得一以盈,侯王得一而以为正"等等,"抱一"即守中。"一"可解释为浑元一气,即阴阳平衡的状态,也就是太极。具体到人,那就是先天的本心本性,即初心。《性命圭旨》说,修身至妙至要,在于深根固蒂,守中抱一而已。何谓守中?曰:"勤守中,莫放逸,外不入,内不出,还本源,万事毕。"所以,老子所谓的守中,就是守本体之中。《华严经·卷第十七》中有一句话叫:"三世一切诸如来,靡不护念初发心。"正因为这样,老子才说"善抱者不脱"。

"德"者得也。真、余、长、丰、博:是指随着尊道贵德实践范围的不断扩大,其影响及涉及的范围亦不断扩大,其产生的效果也随之扩大。

那么,用什么来检验修身的效果呢?老子告诉我们,主要看个体和群体的行为表现。通过观察个人作风、家风、乡风、民风和社会风气,以点带面,一叶知秋。

第五十五章

含德之厚者,比于赤子:蜂虿虫蛇弗螫,攫鸟猛兽弗搏。骨弱筋柔而握固,未知牝牡之会而朘怒,精之至也;终日号而不嗄,和之至也。和曰常,知和曰明,益生曰祥,心使气曰强。物壮即老,谓之不道,不道早已。

【译文】含藏道德深厚之人,好比是初生婴儿:毒虫不会刺他,猛兽不会扑他,凶鸟不会抓他。骨软筋柔但拳头握得很牢固,不知男女交合之事,但小生殖器却自然勃起,这是真气充足的缘故;整天啼哭,嗓音却不沙哑,这是先天元气自然调和的缘故。这种调和的状态叫作"常";认识这一规律才能称得上"明";遵循这一规律奉养生命称"祥";相反,意气用事就叫作逞强。世间万物过早地强壮必然会衰老,这是不符合规律的。不符合规律就会过早消亡。

【解析】本章再一次重申了"守弱之德"和"物极必反"的道理,任何事物的发展都有一个限度,一旦超过了这个限度,就会朝着它相反的方向转化,事物强壮到极点就必然会走向衰亡。所以,我们做任何事情,都要把握一个度,适可而止,不然就会走向反面。

老子用婴儿来比喻道德修养深厚的人，通过描述婴儿的特征，让我们体悟人生的哲理。所谓德，就是"唯道是从"。德是用来承载万物的基础，也是做人的基本准则。德代表天性，天性是每个人与生俱来的。如果我们守护不好自己的天性，就会被后天的欲望所污染。"含德之厚"，就是德性修养深厚。初生婴儿之体，真气充足，身心合一，无私无欲，无忧无虑，纯朴自然，皮肤发红，故称为"赤子"。孟子曰："大人者，不失其赤子之心也。"那么，"赤子"有什么特征呢？一是纯真无邪。赤子无私无畏，无拘无束，自然质朴，本无害物之心，所以毒虫、猛兽、恶禽都不会去伤害他。人与物都有自身的生物场，物虽无言，而心却相通。人若怀善德之心，善待一切生灵，生灵也不会伤人。在现实生活中，人与动物和谐相处的例子很多。这和孟子讲的"仁者无敌"是一样的。二是精气充足。婴儿虽骨软筋柔，但五指却握得很紧。虽无男女交合之欲望，但其生殖器却常自勃而举，这是由于婴儿先天精气俱足之故。三是身心气血调和。道教《太平经》中说："气之法，行于天下地上，阴阳相得，交而为和，与中和气三合，共养凡物，三气相爱相通，无复有害者。"只有阴阳二气相互和合时，天地两界才能相通，万物才能和谐生长，生命才能够循环，妨害方可抑制。婴儿有充分调和、畅达的先天能量，故"终日号而不嚘"。这种自然的调和的状态，可称之为"常"，即大道运行的常规，也就是本来的一种状态，指客观规律。能够认识和掌握规律叫"明"，就是明白事理，明智。"益生曰祥"，顺四时、适寒暑、节阴阳、调刚柔、和喜怒、安居处为道家养生之道。即只有顺应天道，才有益于身心健康。反之，心为物役，意气用事，强行而为,揠苗助长,虽然很快强盛,但离衰亡也不远了。比如"人定胜天""人有多大胆,地有多大产"等等,这都是强的表现。而老子认为凡是违背自然规律的事都不是好事,迟早要受到惩罚。"物壮即老,谓之不道,不道早已。"急功近利向来不会有什么大成就,因为这是不符合"道"的。凡违背规律,必然欲速不达,半途而废,事与愿违,最终也会遭受失败。

第五十六章

知者弗言,言者弗知。塞其兑,闭其门;和其光,同其尘;挫其锐,解其纷。是谓玄同。故不可得而亲,亦不可得而疏;不可得而利,亦不可得而害;不可得而贵,亦不可得而贱。故为天下贵。

【译文】明白天道的人不妄自发号施令,妄自发号施令的人不明白天道。

那么,如何明白天道呢?堵塞产生欲望的孔穴,关闭产生可欲的通道;与光明心性相和,与宇宙万物齐同;去除情欲的锋芒,解除心头的纷扰。这种清静状态,叫作"玄同"。

因此,对人不能因个人情感有亲、疏之分;对事不可因个人得失有利、害之别;对物不可因个人喜好有贵、贱之分。这样才是天下最可贵的。

【解析】本章首先指出有道明君的行为表现——谨言慎行，接着论述了如何修道的问题，最终达到破除分别心，万物齐同的境界。

能洞察万事万物变化规律的人，不会信口开河，夸夸其谈，也就是佛家讲的不妄语；而不明道的人往往是自以为是，肆无忌惮。如果一个统治者不明道，那就麻烦大了，他会轻易发号施令，老百姓将无所适从。那么，怎样才能达到"知者弗言"的境界呢？老子给设计了"三关"：第一关是先让自己静下来。关闭与外界接触的所有感官系统，视而不见，听而不闻，摒弃私欲，不为外物所动。也就是佛家讲的，关闭"六根"对"六尘"攀缘的通道。第二关是去除分别心。"挫其锐，解其纷"说的就是：挫去情感的锋芒，解除心头的纷扰。也就是消融因我执而产生的分别和取舍。诸如执着我的利益、我的情感、我的喜好等等，于是就产生了我人、利害、得失、对错、美丑、善恶、高下、亲疏、贵贱等分别和取舍，使身心不得解脱。一旦彻底消融了所有的分别和取舍之后，那个本自清净的心就会显现出来。第三关是树立平等心。"和其光，同其尘"说的是与心性之光相和，宇宙万物一切平等，没有差别。过了这三关后，还要进一步检验，也就是体道的过程，看你对人、对事、对物会不会因为情感、得失、好恶有所分别。如果没有了，那就证明你是得道高人，这是非常难能可贵的。

这一章与儒家描绘的理想社会非常一致。《礼记·礼运》："大道之行也，天下为公，选贤与能，讲信修睦。故人不独亲其亲，不独子其子，使老有所终，壮有所用，幼有所长，矜、寡、孤、独、废疾者皆有所养，男有分，女有归。货恶其弃于地也，不必藏于己；力恶其不出于身也，不必为己。是故谋闭而不兴，盗窃乱贼而不作，故外户而不闭，是谓大同。"

第五十七章

以正治国，以奇用兵，以无事取天下。

吾何以知其然也哉？夫天下多忌讳，而民弥贫。民多利器，而国家滋昏。人多知，而奇物滋起。法物滋章，而盗贼多有。

是以圣人之言曰：我无为而民自化，我好静而民自正，我无事而民自富，我欲不欲而民自朴。

【译文】治理邦国要光明正大，用兵要出其不意，靠无为而治夺取天下。

我如何知道这些道理的呢？就是根据如下的社会现实状况：法令越严苛，百姓就越贫穷，逃亡的就越多；民间藏匿的武器越多，社会局面就越混乱；人越奸诈狡猾，社会上稀奇古怪的东西越多；官府的苛捐杂税越多，小偷小摸的人就越多。

所以圣人有话说：只要统治者不胡作非为，老百姓就会自然化育；只要统治者不妄动干戈，老百姓会自我约束；只要统治者不独断专行，老百姓就会丰衣足食；只要统治者不生贪念，老百姓自然淳朴厚道。

【解析】本章老子主要论述了治国、用兵和取天下所应采取的正确策略，并指出倘若以用兵之法和"有为"之道治理国家会出现的一系列问题，从而得出了一个最终结论——"无为而治"。

老子认为治国、用兵、取天下都是统治者的职责，但所采取的策略应有所不同。治理国家必须走正道，不能走歪门邪道。所谓正道就是"顺天之时，随地之性，因人之心"的自然大道，即顺应规律，符合实际，顺乎民心，天下为公，大势所趋，人心所向。"正"就是合乎常道，符合常理。用兵打仗是特殊的情况，是不得已而采取的国家暴力行为，所以称"术"。《孙子兵法》说："兵者，诡道也。""以正合，以奇胜"，用兵作战，讲究的是千变万化、出其不意，运用种种方法欺骗和打击敌人。"奇"就是不按常理出牌。"取天下"要顺从民意，不生事端，推行"无为"政治。老子在第10章就提出"爱国治民，能毋以为乎"的质疑。

老子认为，老百姓本性是善良的，不到万不得已，他们是不会惹是生非的。之所以社会混乱，主要是因为侯王"有为"。"天下多忌讳，而民弥贫。""忌讳"就是清规戒律，禁忌。国家颁布的禁令越多，老百姓的自由就越小，一旦生产生活受到限制，人的潜能得不到发挥，必然会陷入贫困。"民多利器，而国家滋昏。"为什么民间会藏有武器？原因是没有安全感，意味着政局混乱，社会动荡，匪患肆虐！"人多知，奇物滋起。"如果社会上人人都投机取巧，尔虞我诈，那么稀奇古怪的事情就会频频发生，犯罪率也会上升。"法物滋彰，盗贼多有。"以国家的名义，以合法手段，巧立名目，向老百姓摊钱摊物，老百姓不堪重负，逼良为娼。

所以圣人说了，只要统治者不胡作非为，老百姓就会自然化育；只要统治者不妄动干戈，老百姓会自我约束；只要统治者不独断专行，百姓就会丰衣足食；只要统治者不生贪念，老百姓自然会淳朴厚道。

治理天下和内修是一个道理：天下就是我的身体，百姓就是"气"。作为统治者，我要做的就是保证源头的清明宁静，也就是孔子讲的"四毋"："毋意"——不意气用事；"毋必"——不绝对必然；"毋固"——不顽固保守；"毋我"——不主观独断。这样百姓才会自觉、自律、自爱、自强！

第五十八章

其正闵闵，其民屯屯；其正察察，其邦夬夬。祸，福之所倚；福，祸之所伏。孰知其极？其无正也。正复为奇，善复为妖，人之迷也，其日固久矣。

是以圣人方而不割，廉而不刺；直而不绁，光而不耀。

【译文】政治环境宽松，老百姓就会归顺、淳朴；政治环境严苛，老百姓就会决裂、狡黠。灾祸啊，福气正依附在旁边；福气啊，祸患正潜藏在里面。可是谁知道啥时候是个头？所以无法做出正确的判断。有时候看似正确的东西也许是错误的，看似美好的东西也许是妖孽，但是人们执迷不悟已经有很长时日了。

所以，圣人为人正直，坚持原则而不疏远别人；为人清廉铁面无私，而不损害别人的利益；品行端方，而不责怪别人；为人直率，刚正不阿，而不约束别人；具有才能，光明磊落，而不刺激别人。

【解析】本章老子运用辩证思维，通过"无为"政治和"有为"政治的对比，引申出物极必反的道理。告诫统治者治国理政一定要恪守中道。

老子认为，执政方式不外乎两种，一种是无为政治，即顺应规律，遵从民意，政策宽松，政治清明，老百姓自由度较大，能够各显其能，民风淳朴敦厚；另一种是有为政治，即唯我独尊，主观臆断，政令繁多，法度森严，老百姓完全丧失了自由，怨声载道，民风刻薄狡诈。如果无为政治推行无为政治，以道治国，那就会以人为本，所有的政策措施都会饱含体恤之心和爱民之意。采取宽松的政策，老百姓就会有更大的发展空间，自然会人心所归，安居乐业。"闷闷"是关切的意思。王安石《上郎侍郎书》之一："先人不幸，诸孤困蹶，而又遭明公于此时，闷闷煦煦，视犹子侄。""屯屯"，聚也。聚拢，引申意为安居乐业。如果侯王推行有为政治，执政的出发点是巩固皇权，维护皇族利益，那么就会通过严苛的法律来管制老百姓。

管理越严埋怨就会越多，物极必反，相应政局也不会不稳定。"察察"，表示制度严明，"夬夬"是断绝之意。韩愈《南山诗》曰："延延离又属，夬夬叛还遭。"秦朝和汉朝相比，秦国特别崇尚法家，法律最为严苛，严苛到什么地步？连商鞅最后也没地方逃，落了个车裂而亡。尽管秦国统一了"六国"，但由于缺乏仁德，好景不长。相反汉朝的初年，实行无为而治，举国上下崇尚节俭，从帝王陵的对比就可发现端倪；对老百姓采取轻徭薄赋休养生息的政策，其结果是社会财富不断增加，出现了"文景之治"的空前盛况。真可谓民富国强，仓廪实，百姓富，串钱的绳子不耐腐。这就是"其正闷闷，其民屯屯"。秦朝正是"其政察察，其民夬夬"。

紧接着老子又讲了福祸相依的道理，对统治者来说，总认为严管比宽松好，其实并不尽然，哪个是祸，哪个是福，有谁知道呢？在常人看来，一遇到顺境、好事就兴高采烈，洋洋得意；一遇到逆境、灾祸就垂头丧气，怨天尤人。其实当你为幸运而高兴时，灾祸就要降临了；当你为灾祸痛苦时，福气快要来到了。人生的道路崎岖不平，没有永远的顺境，也没有永远的逆境，总是福祸相依。可是有谁能明白产生福祸的根源呢？这里老子想要表达的意思应该是"福祸无门，惟人自召"。他老人家是在奉劝大家好好体道悟道行道。"孰知其极"的"极"是指产生福祸的根源。因为不知道福祸产生的根源，所以也就无法做出正确的判断，你认为是正确的东西也许是错误的，你认为是美好的东西也许是妖孽，但是这种迷惑由来已久了。大部分人总是沉浸悲喜交加之中，从来不去探究其中的奥秘。

《淮南子·人间训》中有一则塞翁失马的故事：说靠近边塞居

住的人中，有位擅长推测吉凶掌握术数的人。一次，他的马无缘无故跑到了胡人的住地。人们都为此来宽慰他。那老人却说："这怎么就不会是一种福气呢？"过了几个月，那匹失马带着胡人的良马回来了。人们都前来祝贺他。那老人又说："这怎么就不能是一种灾祸呢？"算卦人的家中有很多好马，他的儿子爱好骑马，结果从马上掉下来摔断了大腿。人们都前来慰问他。那老人说："这怎么就不能变为一件福事呢？"过了一年，胡人大举入侵边塞，健壮男子都拿起武器去作战。边塞附近的人，死亡的占了十分之九。唯独他的儿子因为腿瘸的缘故免于征战，父子俩一同保全了性命。塞翁就是因为失去马这件事，家里的祸福转化了几次。知道祸福转化的道理，我们应做到祸来不忧，福来不喜，尽量使祸转化为福。

最后，老子给世人树立了一个榜样："方而不割，廉而不刺；直而不绁，光而不耀。"这是明道之人所展现出来的德行，意思就是在自身修为达到中规中矩，品行端方，刚正不阿，光明磊落的情况下，不能给别人造成任何妨害。就是不能以自己为标准，一把尺子量到底，凡是有差距的统统责罚。这里的割、刺、绁、耀都属于法的范畴，老子言外之意是领导者只要好好修身，依道而行，完全可以德耀天下，不用在法上下过多功夫。

总之，天有不测风云，人有旦夕祸福。人生在世，穷而不能失志，富而不能失节，祸福相连，因果轮回，周而复始。正所谓世人莫道贫恶贱，做人中正又平和，他日时来运得转，莫忘当年苦寒乐。

第五十九章

治人事天，莫若啬。夫唯啬，是以蚤服。蚤服是谓重积德，重积德则无不克，无不克则莫知其极，莫知其极，可以有国。有国之母，可以长久。是谓深根固柢，长生久视之道也。

【译文】侯王按照天道修身，莫不过于爱惜万物。如果能爱惜万物，那么就意味着已经契合于道了。遵从道去行事就叫注重积"德"，注重积"德"就没有战胜不了的困难，没有战胜不了的困难，就意味着有无限的发展空间。如果具有无限的发展空间，就可以保有国家。爱惜万物是保有国家的根本，有了根本才可以长久生存。所以，这才是邦国根基深厚稳固，长生久视的法则。

【解析】本章主要论述了侯王如何修身积德的问题，并强调"啬"既是修身的根本，也是国家"根深蒂固，长治久安"之道。

"治人事天，莫若啬"，这句话使很多大家都犯迷糊，所以翻译的时候只能蒙混过关。今天我敢打包票，我的译文绝对和他们不一样，而且还会得到绝大多数同道的认可。高兴之至，吹了一牛，诸位见笑了！

"治人事天"是倒装句，如果颠倒一下，变成"事天治人"就好理解了。意思是按天道法则来修身，即做到"天人合一"。"治人"就是克己，自我约束，自我完善，不断增加自己的后天之德；"事天"就是按天道规则行事。这里的"啬"，《说文》说："爱濇也。"本爱惜之义，可理解为爱惜万物。

"夫唯啬，是以蚤服。"沈善增在《还吾老子》中关于"蚤服"进行了详细考据，"蚤"本来是指车轮内车辕与支柱（辐）相连接处的榫头，即："蚤，谓辐入牙中者也。"也就是说"蚤"意味着契合得十分严实。"服"，古代四马车（驷）中间那两匹驾辕的马称为"服"（《诗·郑风·大叔于田》："两服上襄，两骖雁行。"）"蚤服"形容双方配合默契和亲密无间。在为政的过程中，如果侯王能够时刻做到爱惜万物，那就基本上就与"道"吻合了。

为什么说能做到爱惜万物就与道契合了呢？因为人和万物是一个有机的统一体。庄子认为世界万物包括人的品性和感情，看起来千差万别，各不相同，归根到底又是齐一的，是一个统一的整体。人与万物都有各自的特点，都有其存在的价值，然而人与自然处于一个和谐的整体当中，又并非是对立的两面，也不应该区别对待，万物与人构建了一个和谐的整体，在整体当中的作用都是相同的，都是让整体更安定、更和谐。因此，人和万物不存在高下、是非、对错等不同。侯王职位再高，权力再大也是人，都是万物的一分子，与老百姓是平等的，所以应该爱民如子。

第六十章

治大国若烹小鲜。以道莅天下,其鬼不神。非其鬼不神也,其神不伤人也;非其神不伤人也,圣人亦弗伤也。夫两不相伤,故德交归焉。

【译文】治理大国和烹饪小鱼一样。如果天下充满正能量,连鬼也不敢作祟。不是鬼不敢作祟,就是神也不会妨害人;不只神不妨害人,圣人也不会折腾民众。如果能做到这样,那么各种外部因素都不会干扰,万事万物都将按照各自的规律有序运转,从而形成良好的社会风气。

【解析】本章老子以"治大国若烹小鲜"为喻,强调治理国家在于不折腾,如果行于大道,以德治国,那么一切牛鬼蛇神都不会兴风作浪。老子再次重申了无为而治的政治原则。

"治大国若烹小鲜"这句话流传甚广,至今还时常在人们之间口耳相传。它不仅对国人,也对世界上很多国家的政治家产生了深刻的影响。治理大国与烹饪小鱼的道理是相通的。烹饪小鱼讲究取材天然,五味调和,火候适度,不可胡乱翻动,才能保证色香味俱全。唐玄宗李隆基说:"烹小鲜者,不可挠,治大国者不可烦,烦则伤人,挠则鱼烂矣……此喻说也。小鲜,小鱼也,言烹小鲜不可挠,挠则鱼溃,喻理大国者,不可烦,烦则人乱,皆需用道,所以成功尔。"1987年美国总统里根在国情咨文中也引用了老子的"治大国若烹小鲜"的名言,用以阐述论证他的治国策略,引起了强烈反响。

齐家治国平天下的道理跟"烹小鲜"一样,治必以正,赏罚有信,要光明正大;选贤与能,人尽其才,才尽其用,要减少不必要的干预,做到无为而治。

当人间正道亨通,人人都充满着正能量,那么一切外部因素都不会干扰到人。正像《菜根谭》上说的一样:"心体澄澈,常在明镜止水之中,则天下自无可厌之事;意气和平,常在丽日光风之内,则世上自无可恶之人。"

"鬼"表示什么?指一切消极、负面的因素。人做了坏事,鬼就会来报复,这也是世界上所有宗教惩恶扬善的理论基础。"鬼"从广义上来说,包括那些见不得人的思想与行为。从现实生活及人性角度来看,老子所说的"鬼",其实也是指人的贪欲。无论是名利、地位、金钱、美色、名誉、情感还是权力,只要过度贪婪,那么这些东西会像魔鬼一样,把你带向罪恶的深渊,带向地狱。"神"代表生命的力量,是创造力的象征。表示人做了好事,就会得到神的庇佑。当世界充满正气,人间充满爱,那些社会丑恶行为就不会产生。江西龙虎山天师府有副楹联,上联是"道高龙虎伏",下联是"德重鬼神钦"。以龙虎降服,鬼神钦佩来形容修道之人道德的尊贵。古人修行,道德高上,感动天龙鬼神,自然会得到拥护,因为道德是世上最尊贵的。这里应指人修行到了一定境界,不受外物引诱,"七情六欲"就会被降伏。人清静了才能合道,人体也一样,如果身心健康,正气旺盛,邪气很难侵入体内引发疾病。也就是中医讲的"正气存内,邪不可干"。如果世风日下,正不压邪,那么什么稀奇古怪是事情都会出现。

"以道莅天下",就可以扶正祛邪,从而构建执政者和民众互不相伤的和谐社会。

第六十一章

大邦者下,流也。天下之牝:天下之交也,牝恒以静胜牡。为其静也,故宜为下。

大邦以下小邦,则取小邦;小邦以下大邦,则取于大邦。故或下以取,或下而取,故大邦者不过欲兼畜人,小邦者不过欲入事人,夫皆得其欲,故大邦者宜为下。

【译文】大国如果能以谦卑的态度对待小国,则小国就会依附于大国。要像天下的雌性动物那样而好静,如此才可成为天下交汇的地方,(小国归顺大国)。雌性总是凭借好静而胜过雄强者,并因好静而处于下位。

大国以谦虚的态度来对待小国,就会取信于小国;小国以谦卑的态度结交大国，就会取信于大国。不管是以谦虚取得小国信任，还是以谦卑得到大国认可，大国不过是想造福更多小国，小国不过是想依靠大国，两者各得其所，互惠互利。所以大国更应该保持谦虚的态度。

【解析】本章主要讲述了大国不能以强凌弱，依靠武力吞并小国，在外交上，要坚持谦虚宽容，团结友爱，互惠互利，和平共处的原则。

老子面对以强凌弱，大国不断吞并小国，战火连天，民不聊生的现实，开出一剂济世良方：大国要有像江海一样低调谦虚的宽容心和母亲一样平和善良的慈爱心。老子用自然界中的雌性动物和雄性动物作了比较，雌性动物一般比较温柔善良，而雄性动物常常是通过角斗来获得统治地位，包括交配权。正是由于雌性的温柔善良，往往会得到雄性的追求。这里应当将雌性理解为道德的化身，将雄性理解为武力的象征。言外之意，靠武力取胜是暂时的，是不可取的，惹起众怒，总有一天会让大家联合起来，被一举消灭；而采取怀柔政策，靠道德感化才是长久之计。

因此，大国不可以因强大而欺负、侵略小国，而要放低身段，以谦和的态度，平等地对待小国，得到小国信任后，小国自然会归附于大国。同样，小国也要以谦卑的态度结交大国，得到大国的认可后，大国自然会庇护小国。总而言之，在外交政策上，只有彼此以诚相待，和平共处，才能相得益彰，互惠共赢。

第六十二章

道者，万物之注也。善人之宝也，不善人之所保也。美言可以市，尊行可以加人。人之不善也，何弃之有？故立天子，置三卿，虽有共之璧以先四马，不若坐而进此。古之所以贵此者何也？不谓求以得，有罪以免与？故为天下贵。

【译文】道是万物的归属。对于那些善于自觉遵循天道法则的人来说，道是他们的法宝；对于那些不善于自觉遵循天道法则的人来说，道还能潜在地为他们提供保障。良好的言行可以教育他人、感化他人，从而使其人格得以升华。所以对于不善于行事的人，我们还有什么理由抛弃他呢？在举行天子登基、三公受封的时候，虽然享有进奉拱璧在先、驷马随后的隆重礼仪，不如静静地坐下来悟道。古人为什么都看重这个道呢？不就是因为能满足人的合理要求，原谅人的过失吗？所以才为天下所看重。

【解析】这一章主要讲"道"的可贵性和修道所应坚守的原则。并揭示了尊道而行可能得到的好处——有所求必有所得。

道是宇宙的根本法则，道不存在分别心，所以没有善良与不善良之分。善人是能够自觉遵循自然法则来做事的人，正因为他能够自觉遵循，所以道才能被称为"善人之宝"，也就是"指导行事的法宝"（赵又春语）；而对于不善于自觉遵循自然法则的人，道还是潜在地发挥其作用。如果违背了自然法则，就会遭受损失，那么吸取教训后又会回归道上。正是从这个角度来说，道也会保护那些离经叛道的人，即"不善人之所保也"。人都有固执的一面，社会上有相当一部分人听不进不同意见，自以为是，一意孤行，不撞南墙不回头，不到黄河心不死。这就应了那句"不听老人言，吃亏在眼前"的老话。因为老人有阅历、有经验，明白道理。一个误入歧途的人，如果能够接受别人的规劝，及时改正错误，那么就会步入正途。"听人劝吃饱饭"，"浪子回头金不换"。对于不善于做事，但能够听从好言相劝的人，我们不能坐视不管，应当及时伸出援手，予以帮助。

"美言可以市，尊行可以加人。"富有哲理的语言确确实实可以说服人，用现在的话说就是思想政治工作的威力巨大。战国晚期有名的纵横家苏秦、张仪就是凭三寸不烂之舌，穿梭于国际社会之中，把天下诸侯玩弄于股掌之上，弄得国际社会风云变幻，惊涛骇浪。真可谓"一言可以兴邦，一言可以丧国"。"光说不练穷把式"，孔子说"巧言令色，鲜矣人"。仅凭说教是不够的，还需要见诸行动。通过言传身教可以挽救那些"不善"的人。所以，老子说，我们为什么要抛弃他们呢？

上古时期，天子登基，"三卿"（司徒、司马、司空）受封，既有拱璧，又有驷马仪式搞得很隆重。在老子看来，与其搞这些华而不实的东西，不如静静地坐下来悟道。因为统治者遵道而行，老百姓就会受益无穷。

第六十三章

为无为，事无事，味无味。大小多少，报怨以德。

图难乎其易也，为大乎其细也。天下之难作于易，天下之大作于细。是以圣人终不为大，故能成其大。

夫轻诺者必寡信，多易必多难。是以圣人犹难之，故终于无难。

【译文】最高明的行为是"无为"——不主观臆断，最好的做事方式是"无事"——不生事端，最好的味道是"无味"——不生贪欲。矛盾问题不管大小或多少，一律以德行来化解。

想要解决难事，应当从容易做的事着手；想要做成大事，应当从细小的事做起。这是因为：所有的难事都是由容易的事演化而成的，所有的大事都是从小事做起来的。有道的人做事始终不从大事入手，所以反而能够成就大事。

轻易许诺的人，必定会失信。总以为一切都很容易，必然会遇到许多困难。因此，有道的人会提前想到困难，在实施过程中，即使遇到困难，也能迎刃而解。

【解析】本章进一步阐释"无为无不为"的为政原则和"报怨

以德"的处事方式。世间的所有事情都是从易到难，从小到大发展起来的。所以，圣人做事往往是从小、从细、从易处入手，看似好像什么也没有做，但却能解难事，成大事。

本章主要阐述了做事方式，全章有两大要点：

第一个要点：始终坚持"无为"的理念。老子的"无为"思想贯穿全文。老子的着眼点是"天下"，言说的对象是诸侯或者君王。所以，"无为"不是我们常人认为的无所事事，什么也不干。也不完全是多数注家所谓的恣意妄为。而是对一般行为和价值观念的否定。我们一般人的所作所为都带有很强的目的性，特别是对"人不为己，天诛地灭"这句民间俗语的误解，目的性就更强了。我们现代人都想有所作为，特别是领导干部，为政一方都想留点政绩工程，于是楼房越盖越高，城市越建越大。由于领导人的好大喜功，急功近利，结果出现了一系列问题。诸如政府债务、拖欠农民工工资、民间借贷等等。在2500年前，老子就已经意识到了这一点，所以他说："以辅万物之自然而弗敢为。"（第六十四章）"辅"是帮助他人的非强制性、非直接操控的行为。是一种抛弃主观而顺从客观规律的"为"，是指不要通过自我意志去改变事物的客观属性。"无为"是老子通过对人类社会发展中出现问题的反思，得出的一个否定性结论。所以"无为"的内涵极其丰富，可以说是老子否定世俗观念的总括，包括无欲、弗居、不争、不恃、不自见、不自是、不自伐、不自矜等等。"无为"是"自然"的基本属性，也是圣人的高尚品格。

"为无为，事无事，味无味"，意思是在战略层面不能有人为因素，在战术层面做事不能留后遗症，在感情层面不能凭兴趣做事。

老子认为一切社会矛盾和人与人之间的怨恨，都是"有为"造成的，所以要用道心和德行去化解。

第二个要点：循序渐进，注重细节。老子告诉世人，做一切事情不能好高骛远，贪大求洋，要脚踏实地，不忘初心，一步一个脚印往前走。也就是"但行好事，莫问前程"。做事方式由小到大，先易后难，同时要把困难和问题考虑周全，这样做起事来就游刃有余，并能收到事半功倍的效果。

第六十四章

其安也，易持也；其未兆也，易谋也；其脆也，易判也；其微也，易散也。为之于其未有，治之于其未乱也。

合抱之木，生于毫末；九成之台，作于累土；百仞之高，始于足下。为之者败之，执之者失之。圣人无为也，故无败也；无执也，故无失也。

民之从事也，恒于其成事而败之。故慎终若始，则无败事矣。是以圣人欲不欲，而不贵难得之货；学不学，而复众人之所过；能辅万物之自然，而弗敢为。

【译文】局势安定的时候容易掌控，事情还没有出现迹象的时候容易谋划；脆嫩的幼苗，容易扼杀；细小尘埃，容易消散。所以，要未雨绸缪，防患于未然。

合抱的大树，由细小的嫩芽长成；九层的高台，靠一担担泥土垒成；百尺之台，是从脚下开始。因此，不遵循事物规律而肆意妄为的侯王，必然会遭受失败；过分执着于权力的侯王，最终必然会失去权力。

大多数人做事，往往都半途而废。如果能慎终追远，从一而终，就不会失败。所以圣人有欲望而不彰显，不看重难得的财物，不要求别人向自己看齐，要通过恢复、弥补众人的过错来让人们知道如何正确行事。要为事物的发展创造条件，因势利导，不能横加干涉。

【解析】这一章老子通过揭示事物发展由量变到质变的基本规律，提醒统治者，一定要时刻保持清醒头脑，时刻自省自警，淡泊名利，少私寡欲，居安思危，未雨绸缪，防患于未然。同时还要慎终追远，善始善终。

此章可从三个层次来理解：

第一层次意思是见微知著。老子从"为之于未有，治之于未乱"两个原则出发，说明了未雨绸缪，"上医治未病"的道理。"安""未兆""脆""微"是潜在性危机，苗头性问题。对此，人们往往容易忽略。老子认为，不论做任何事情一定要精心筹划，仔细分析，对可能出现的问题要提前制定预案，如果等"船到江心方补漏，为时晚矣"。做人也一样，要"一日三省吾身"，谨小慎微，见微知著，防患于未然。多少腐败分子都是因为思想防线的失守，才一步步滑向罪恶的深渊。

第二层次意思是防微杜渐。老子通过"合抱之木，生于毫末；

九层之台，起于累土；千里之行，始于足下"说明"毫末""累土"虽然都是小问题、小事情，但如果不引起高度重视的话，那么就会发展成像"合抱之木"和"九层之台"这样的大问题、大事情。那么，这是怎么造成的呢？老子认为，一切都是由于统治者的"有为"。统治者私欲膨胀，贪赃枉法，恣意妄为，老百姓怨声载道，群情激愤，最终当小问题变成大问题的时候，解决起来难度就大了，很可能是"为之者败之，执之者失之"。

第三层次意思是慎终如始。这是成功的秘诀。一般人做事情，往往会半途而废。如果能不忘初心，慎终追远，从一而终，就不会失败。常言道："行百里者半九十。"有些人耐不住寂寞，经不起诱惑，自以为是，胆大妄为，最终导致失败。因此，有道的圣人往往不会表现自己的欲望，不稀罕难以得到的货物，注重身教，补救众人所经常犯的过错，辅助万物而不干预。"欲不欲"与第3章"不见可欲"意思相同，追求没有欲望的状态。"学"如前一样，取"教"义。郭店楚简此句为"教不教"。意思是不直接去指教或教训他人，而是通过帮助其纠正错误，吸取教训来达到"教"的目的。也就是不直接干涉，只起辅助作用。

任何事物发展变化都是由小到大，积少成多，由量变到质变。所以我们面对具体事情时，首先要在思想上引起高度重视，提前谋划；在实施层面要善于及早发现问题，并把问题解决在萌芽状态。最后需要把握的一条总原则是："无为而无不为。"

第六十五章

古之为道者，非以明民也，将以愚之也。民之难治也，以其知也。故以智知邦，邦之贼也；以不智知邦，邦之德也。恒知此两者，亦稽式也。恒知稽式，此谓玄德。玄德深矣，远矣，与物反矣，乃至大顺。

【译文】因此说：一个懂得自然法则的统治者，不认为自己比民众高明，从不耍小聪明，而是用敦厚淳朴的德行去感化民众。民众之所以难以管理，是因为统治者以阴谋治国。所以，以阴谋来治理邦国，无异于邦国的盗贼；不以阴谋治理邦国，那是人民的福气。能够一直明白二者的利弊，那就有了治国的准绳。如果还能够一直把握这个准绳，那就是"玄德"。"玄德"深不可测啊、远不可及，德的扩展趋势正好与万物本源的方向相反，顺着这个可以无限延伸。

【解析】本章中，老子提出了以道治国而不以智治国的主张。认为侯王对百姓搞阴谋，玩权术，完全是自欺欺人，只有发扬"玄德"，才是最可靠的保证。

老子认为，侯王要用淳朴厚道的作风来引领民风，这样社会才能和谐安宁。侯王如果诡计多端，虚伪阴险，那么往往会导致民风败坏,"上梁不正下梁歪"。"民之难治",显然是因为统治者"以其知也"。侯王为满足个人欲望,绞尽脑汁,巧立名目,横征暴敛。如果长此以往,势必造成"道高一尺,魔高一丈"。这样,人类社会的苦难永远没有尽头!

所以老子说,"以智知邦,邦之贼也",靠阴谋诡计愚弄百姓,必然会祸国殃民。顺应自然,顺乎民意,实行"无为而治",也就是以德治国,那是老百姓的福气呀!

"知此两者,亦稽式也。恒知稽式,是谓玄德。玄德深矣远矣,与物反矣,然后乃至大顺。"这是对前面的小结,这里的"稽"就是考察、审查,意思是通过二者比较,得出一个衡量标准。如果能够经常把握这个标准,那就是"玄德"。"玄德"是指统治者的行为充分体现了自然法则和群众意愿。因为"道"的具体体现是"德","玄德"就是人行为与"道"高度契合。前面老子对"玄德"的定义是:"生而不有,为而不恃,长而不宰,是谓玄德。"这是说"玄德"包含了大公无私,不恃功自傲,不强迫他人等品德与情操。"玄德"是无穷无尽的,是高深莫测的,它的延伸扩展趋势,与追根溯源探索道的方向是相反的,详见(图2)。关于这个问题我在"宇宙的本原"中已经进行了详细论述,在此就不作过多解释了。

第六十六章

江海之所以能为百浴王者,以其善下之,是以能为百浴王。是以圣人之欲上民也,必以其言下之;其欲先民也,必以其身后之。故居前而民弗害也,居上而民弗重也,天下乐推而弗厌也。

非以其无争与?故天下莫能与争。

【译文】江海之所以能够成为众多河流所汇集的地方,是因为它善于处于低下位置的缘故,所以能够成为众多河流所汇集的地方。因此圣人若想当民众的统帅,则必须谦卑低调;若想做民众的表率,则必须把个人利益置于人民利益之后。所以,有道的圣人即使站在前面,老百姓并不害怕;虽然地位很高,而老百姓感觉不到压力。因此,天下的人民乐意推崇而不反对他。

因为圣人与民无争,所以天下没有谁会和他相争。

【解析】本章老子以江海善于处下而成为百浴之王为喻,重点讲了"善下"和"不争"的好处,劝诫执政者要礼贤下士,以民为本,最后实现天下归心。

老子通过大自然现象来揭示宇宙真理,即把"江海"比喻为遵道贵德的领导（圣人），能放低身段，顺应自然，虚心谦卑，宽容大度。在地球上，海洋占了97.2%，海拔高度都以海平面为基点，海洋的海拔最低，所以能容纳自然界中一切河流，并且不分别，不选择，不管是淡水、咸水、清水、脏水来者不拒，"故能为百浴王"。所以汉乐府诗中感叹到："百川东到海，何时复西归？"这里老子所要表达的主题是，领导者不仅要"以道为本"，而更要"以人为本"。就是尊重事物发展规律，以人民利益为中心，全心全意为人民服务。"浴"都是溪谷的意思。通行本为"谷"，虽然大体意思相同，但还是有一定差别。"浴"作为河流、江海的源头来比喻"道"，具有生发万物的功能。"道"是自然界和人类社会的总法则，是万物生发的总源头。这里是指"道法自然"。

　　老子认为治国的基础就是"道"，"道"反映在政治上就是"民心"，只有得民心才会得天下。所以老子所关注的重点是民生问题。那么，怎么关注呢？首先要求统治者不能脱离群众，而要放下身段，深入基层虚心听取老百姓的呼声；其次，想当人民的领袖，就不能考虑自己的名利得失，要时刻把群众的利益放在心上，多为民办实事办好事。如果能做到这样，即使站在老百姓面前，老百姓也不感到害怕；即使当了国君，老百姓也不会有压力。这时全天下都会推举你、拥戴你。

　　老子认为，人类社会理想的体制有三大特征：第一，领导者本身能够尊道贵德，淡泊名利，无私奉献；第二，注重关注"民生"，事事处处显化"处上而不重，处前而不害"的政治原则；第三，侯王与群众没有尊卑之分和高下之别，平等相待，和谐共处，融为一体，打成一片,"是以天下乐推而不厌"。

第六十七章

天下皆谓我大,大而不肖。夫唯不肖,故能大。若肖,细久矣。我恒有三葆之,一曰慈,二曰检,三曰不敢为天下先。夫慈,故能勇;检,故能广;不敢为天下先,故能为成事长。今舍其慈且勇;舍其检且广;舍其后且先;则必死矣。夫慈,以战则胜,以守则固。天将建之,如以慈垣之。

【译文】天下人都说,道太广大了,大到不像任何具体的东西。也正因为它不像任何具体的东西,所以才大。如果它像一种具体事物的话,那么日久天长就会变得渺小。我有三种宝贝,应当永远持有珍重:第一是慈爱,第二是自我约束,第三就是不敢充当天下人的急先锋。有了慈爱,所以能勇武;有了简朴,所以能宽广;不敢居于天下人之先,所以能成为万物的首长。现在丢弃了"慈"而追求勇武;丢弃了"检"而追求宽广;舍弃退让而追求争先,结果是走向死亡。慈爱,用来征战就能够胜利,用来守卫就会固若金汤。天将救助谁,就会用慈爱来保护它。

【解析】本章主要论述了"三宝"的作用,作为统治者如果能持守"三宝",则无往而不胜,特别是守"慈"至关重要。如果背离

"三宝"，则一事无成。因此，"三宝"是统治者必备的政治品格。

理解这一章的关键是要搞明白"我"和"大"，全篇《道德经》中的"我"都不是指第一人称，是指"真我"，也就是王阳明说的"良知"，再说的确切一点是没有被私欲遮蔽的心，即初心。初心就是老子说的"道"，这里应指"道心"。

关于"真我"或曰"道心"，儒家讲得比较透彻。一次公孙丑问孟子，先生如果担任齐国的卿相，可以实行自己的主张，那么即使由此而建立了霸业或王业，也是不足为奇的。你会不会激动、欣喜、忧虑？孟子回答说，我四十岁就不动心了。什么是"不动心"？所谓"不动心"是说，不论处在何种情况，是得君行道、兼善天下，或是怀才不遇、有志难伸，自己的心情都不受影响。何以能够如此？因为心中对于人生之"应该如何"有了定见，只要肯定自己走在道义的路上，就不会在乎世俗的成败与得失。孟子说："君子有终身之忧，无一朝之患。"(《孟子·离娄下》)所忧的是没有成为像舜一样的圣人，而毫不担心一时的困扰。公孙丑问孟子，有何过人之处时，得到的答案是："我知言，我善养吾浩然之气。"(《孟子·公孙丑上》)至于何谓"浩然之气"，孟子认为，人有身体与心智。身体的内容是"气"，而心智打定的主意是"志"；志是气的统帅，气可以"塞于天地之间"，也是有形质的宇宙万物的共同因素。所谓"浩然之气"，是把人的生命力发挥到极致，抵达与万物相通的地步。孔子自述"七十而从心所欲不逾矩"(《论语·为政》)，我们当下明白人心需要修养，否则从心所欲就会逾矩。那么，要如何进行修养呢？首先，"养心莫善于寡欲。"(《孟子·尽心下》)要减少欲望，这其实是对所有圣贤的共同要求。其次，要知耻。孟子说："人不可以没有羞耻，把没有羞耻当作羞耻，那就不会有耻辱了。"(《孟子·尽心上》)再次，说话要谨慎，他说："谈论别人的缺点，招来了后患要怎么办？"(《孟子·离娄下》)

一个人想要获得真正的幸福和终身的快乐，就应该选择积极且正确的包容心态。

佛家讲："心包太虚，量周法界。"心生万物，宇宙万物都是由心变现的。

由此可见，儒释道三家对"真我"的解释大体相同。

关于"大"老子专门有论述。老子说，"吾强为之名曰大。大曰逝，逝曰远，远曰反。道大，天大，地大，王亦大。国中有四大，而王居一焉。"(第二十五章)道就是大。庄子云："至大无外，谓之大一；至小无内，谓之小一。""万物归焉而弗为主，可名于大。"(第34章)宇宙间的万物都归附于道，而它不控制，却辅助万物成长，这种品德叫大。在老子看来"道"及其品德都可以理解为"大"。

"真我"或良知，最关键的是有三样东西护佑"慈""检"和"不敢为天下先"。

"慈"，应当理解为慈爱，无私之爱。"上爱下曰慈"，这里慈指的是像母亲对于孩子一样的爱。意思是侯王要像母亲一样用慈爱之心对待自己手下的臣民。"慈"不仅要慈心于人，还要慈心于物。不论对人或对物，都要有恻隐之心。具有了这样的慈爱之心，人与人才能互相关爱，互相帮助，人与自然才能和谐相处。

"检"，是检点、检查的意思。要随时随地检点约束自己的言行,"处无为之事,行不言之教"。在明白自己该做什么和不该做什么的前提下,坚决不去做那些违反"道"的事情。要克制自己的欲望,崇俭抑奢,爱惜民力,谨记"历览前贤国与家,成由勤俭破由奢"的古训。

"先",有两层含义:一是不争强好胜。老子所处的那个时期,东周王室衰微,大权旁落,诸侯国之间互相征伐,特别是五霸争雄,战争频仍,生灵涂炭。所以,"不敢为天下先",就是不穷兵黩武主动发起战争,不当霸王,不因争夺天下而劳民伤财。还有一层意思是不争名夺利。在名利面前不伸手,谦和退让,大公无私,不争名誉,不谋私利。正如第七章,"是以圣人后其身而身先,外其身而身存。"第六十六章,"是以圣人欲上民,必以言下之;欲先民,必以身后之。"就是圣人要领导人民,必须用言辞对人民表示谦下,必须把自己的利益放在民众的后面。

常言道,木秀于林风必摧之,行高于人众必非之。庄子在《山木》篇中,借一种名叫意怠的鸟,道尽了这个道理。意怠鸟貌似无能,飞行时还需要别的鸟引领,栖息时与众鸟挤在一起,吃食也不抢先。然而这种鸟从不会遭到别的鸟的嫉妒,自然也不会被排挤,不会受到伤害,可以避免祸患。如果争强好胜,事事抢在最先,就一定好吗?俗话说枪打出头鸟。庄子也说"直木先伐,甘井先竭"。不论是在生活中,还是在职场上,你会发现凡是喜欢处处彰显自己才华,显示自己功劳的人,往往容易遭人嫉恨和陷害。所以,庄子告诉我们要学会韬光养晦,大智若愚,不要过分求功、求名,即使功成名就了,也要急流勇退。能知进知退,平平常常地做人,踏踏实实地做事，才是最实用的生存智慧。

只要人人都能够谦和忍让，诸侯之间也不逞强争霸，那么天下不就会安然。

这一章，还有一个关键字是"勇"，我们都认为勇敢是一种美德，而老子却持反对态度。确实，很多勇敢的人在勇敢中死去，就像庄子描绘过的那个"螳臂当车"故事一样，知其不可而为之，你能说它不勇敢吗？但留给世人的只是匹夫之勇的笑谈。勇敢并不构成一个独立的美德，它必须和智慧结合起来。《中庸》里面曾经提到"知仁勇三者，天下之达德也"。建立在"知"和"仁"基础上的"勇"，才是真正的"勇"，没有"知"和"仁"的"勇"就只能是匹夫之勇。《论语·泰伯》篇说"勇而无礼则乱"，只是勇猛而不以礼来指导，就会鲁莽惹祸。所以有时候"勇于不敢"比勇于敢要好得多。老子一向反对无所顾忌，争强好胜，但他也提倡"勇"。他认为"勇"要建立在"慈"的基础之上，也就是无私无畏之勇，就像母性护子一样，是本能之勇。

这一章的核心是说，人的"道心"很大，大到无法形容，它可以包容一切。为什么"道心"会这么大呢？因为有三个东西护佑：第一是慈爱心，第二是自我约束力，第三是不争之德。特别是慈爱心，更为重要。重要到什么程度？用个形象的比喻——天道法则，就像用慈爱心砌起来的围墙。

第六十八章

善为士者不武，善战者不怒，善胜敌者弗与，善用人者为之下。是谓不争之德，是谓用人，是谓配天，古之极也。

【译文】好的谋士，不会建议侯王依靠武力解决问题；善于带兵打仗的人，不会轻易发怒；善于克敌制胜的人，不会自我炫耀；善于用人的人，对人表示谦下。如果统治者有不与人争的高尚品格，有谦卑处下的做人原则，那么，就可谓"德配天地"。这是自古以来合乎天道的处世准则。

【解析】本章在承接上一章"三宝"政治品格的基础上，又提出了"不争之德"，不要用暴力手段侵犯别人，不要逞强，不要迁怒、不要夸耀、不要争名，而要谦卑处下。这是自古以来的处世原则。

本章从三个层面进行了分析：第一个层面是讲给谋士的。老子说，善于出谋划策者，不会鼓动侯王，以武力征服天下。孙子兵法有云，"故善用兵者，不战而屈人之兵"，乃是上上策也。因为战争是以生命为代价的，所以，作为有道义的谋略家也好，纵横家也好，在给侯王出谋划策的时候，是不建议依靠武力解决问题的。

第二个层面是讲给军事家的。即使万不得已需要诉诸武力，但作为一个真正的军事将领，应有较强的心理素质和抗压能力，具备临危不惧的胆识和泰山崩于前而色不变的定力！所以，不会轻易发怒的，因为人发怒的时候容易冲动，一冲动就会感情用事。只有在指挥战事的时候持冷静的态度，才能够掌控全局、把握战机、进退有序，并能赢得战争的胜利。老子还说即使打了胜仗，也不能自我膨胀，不自我炫耀，也就是"杀人之众以悲哀泣之，战胜以丧礼处之"。

第三个层面是讲给所有领导者的。江海能为百浴之王，是因为"善下"，善于居下，人道和自然之道也一样，输得起自己，才能赢得了别人！善于用人的人，必须要谦虚真诚，尊重别人，礼贤下士。只有这样才能广泛吸纳人才，人尽其才，才尽其用，运筹于帷幄之中，决胜于千里之外。

最后的结论："不争之德"和"用人之力"是克敌制胜的重要法宝。

第六十九章

用兵有言曰：吾不敢为主而为客，吾不进寸而退尺。是谓行无行，攘无臂，执无兵，扔无敌矣。祸莫大于无敌，无敌近亡吾葆矣。

故抗兵相若,则哀者胜矣。

【译文】对于用兵打仗,有这样一种说法:不敢主动去挑起战争,进犯别人,而要做好准备,沉着应对。一旦爆发战争,也不主动前进一寸,而宁愿后退一尺。行军时不用迈着整齐的步伐,气壮山河;也不用振臂高呼,彰显军威;也不用把兵器举得老高,吓唬别人;当对方看到这种情况时,也会杀气大消,鸣金收兵。灾祸莫大于轻视敌人了,目空一切几乎丧失了我的"三宝"。

在两军实力相当,势均力敌的情况下,往往是有仁慈心的一方取胜。

【解析】本章老子以用兵打仗为例,主要讲述了以静制动,以退为进"哀兵必胜,骄兵必败"的战略战术,其实质是对"三宝"的进一步阐述,旨在教人不争、不彰、不骄。

自古以来,兵书有言:"吾不敢为主,而为客;不敢进寸,而退尺。"作为统治者不能主动去挑起战争,而是要充分地做好应对战争的准备,沉着应对。一旦爆发战争,也不能盲目出击,等待时机,见机行事。当面对敌人示之以弱时,不主动前进一寸,而宁愿后退一尺。如能不战而屈人之兵是最高境界。这里的"进寸"就是指进入对方的领地,"退尺"就是指退回到自己的控制范围。这些都表明战争也要站在道义的立场上,否则,就会面临外界强大的压力,甚至会受到历史的审判。日本侵华战争就是很好的例证。做人做事也如此,以退为进,吃亏是福。常言道:"退一步海阔天空;让三分风平浪静。"

"是谓行无行,攘无臂,执无兵,扔无敌矣。"明显这是防御战略的战术行为。如果是进攻战,首先要排兵布阵,或鱼鳞、或雁行、或锥形、或长蛇……然后振臂高呼,鼓舞士气,瞄准目标,万箭齐发。在老子看来,战争属于凶事,"一将成名万骨枯",他所崇尚的是"天下有道,走马以粪"。即使面对战争,也是被动应付,不主张主动出击,奋勇杀敌,一举歼灭。

"祸莫大于无敌,无敌近亡吾葆矣。故抗兵相若,则哀者胜矣。""敌"所指的范围比较广,包括敌人、外部环境、我执等等。轻视敌人是最大的祸患,因为一轻视就容易骄傲自大,忘乎所以,给敌人以可乘之机。"哀兵必胜,骄兵必败"是至理名言。毛泽东提出的"战略上藐视敌人,战术上重视敌人"的战略方针值得借鉴。

第七十章

吾言甚易知也,甚易行也,而人莫之能知也,莫之能行也。言有君,事有宗。夫唯无知也,是以不我知。知我者希,则我贵矣。是以圣人被褐而怀玉。

【译文】我说的话很容易理解,也容易做到,可是天下人却不明白,更做不到。作为一个人,说话办事都要有所遵循,有所根据。那些不能知、不能行的侯王是因为无知而不明白天道法则。因此理解"道"的人很少，能够效法"道"的人就更少了。所以，圣人的言行看似很普通而意蕴极深刻。

【解析】老子用毕生精力探索的"道"的学说，即救世良方，没人能知，也没人能付诸实践。失望之余，分析了原因：世人只看事物的表象而不去认识事物的本质。本章其旨在教人对"吾言"要从根本上"知"，在实践中"行"。

这一章中既有"吾"，也有"我"，理解起来有点困难。"吾"是第一人称，代表说话人自己；"我"是指真我，将天道人格化。《道德经》五千言是用最平淡的语言和最常见的事物（水、草、江海、房子、器皿、车子等）揭示了宇宙大道。《道德经》是一部百科全书，不论是帝王将相治国理政，还是平民百姓日常生活；不论是政治、军事，还是艺术、人生等等，都可以从中找出答案。所以老子说："吾言甚易知也，甚易行也；而人莫之能知也，莫之能行也。"就是我所说的话很容易懂得，也很容易做到，可是天下人反而不知道，更做不到。老子感叹大道其实至简至真，大道就在我们身边；不幸的是，世人只看现象，不研究本质，好高骛远，舍本逐末。老子说，人说话办事都要有所遵循，不能信口开河，言不由衷，不能盲人骑瞎马，信马由缰。那么，说话办事遵循什么呢？就是要遵循天道和人道法则。之所以有些人不懂人情事理，胡作非为，是由于私欲遮蔽，良知没有显现，自我意识太强，迷失了自性。所以老子得出的结论是"知我者希，则我者贵"。就是说能够洞察宇宙真相的人，用儒家的话说能够致良知的人，再通俗一点说懂得天理人情的人不多，能够按照天道法则和礼法制度做事的人就更少了。"纸上得来终觉浅，绝知此事要躬行"，想要真正理解，我们还需多加体悟，透过现象看本质。

社会上，大部分人整天装模作样，外强中干，看外表像那么一回事，其实内心很空虚，活得一点也不真实。而圣人却不是这样，圣人不追逐外在的浮华，而注重内在的修炼，内心一片光明，可以照彻万物。

第七十一章

知不知，尚矣；不知知，病矣。是以圣人之不病也，以其病病也，是以不病。

【译文】知道了，但不去炫耀自己知道，最好；本来不知道，而假装自己知道，这是毛病。圣人是没有这种毛病的，这是因为他们把这种毛病当作毛病，所以才不会出现这种毛病。

【解析】本章旨在阐明求知悟道过程中容易犯的错误，以及如何对待这种错误。老子通过一个"知"字和一个"病"字，把得道之人和世俗之人描绘得惟妙惟肖。老子旗帜鲜明，肯定谦虚本分，反对骄傲自大,并提醒人们要时刻自警自省。

这一章的文字好像"绕口令",诙谐幽默。"知不知,尚矣"有两层含义:一为"知而不以为知,是谓上德之人"(奚侗)。意思是知道了,但不以为自己完全知道这是最高明的人。这是老子对由表及里、追本溯源、孜孜以求精神的赞誉。因为任何事物都是在发展变化的,不是一成不变的,只有用发展的眼光去看待问题,才能与时俱进,获得真知。一为知道了,但不表现出自己知道,也就是"不自彰"。《史记·老子韩非列传》记载,老子告诫孔子:"良贾深藏若虚,君子盛德,容貌若愚。"意思是:善于经营的商人总是将自己的财富隐藏起来,好像什么都没有;修养深厚的君子总是谦虚忍让,看起来就像愚鲁的人一样。这里讲的正是"知不知,尚矣"的意思。

老子认为,无知并不可怕,可怕的是本来不知道假装知道。不懂装懂,这是虚伪的表现,属于一种病态,一定要加以克服。《尚书》曰:"满招损,谦受益。"谦虚,是一种美德。一个人只有谦虚,才会客观地审视自己,才会意识到自己有不足;只有意识到自己有不足,才会不断修正错误,弥补不足,取得进步。孔子在《论语》中有言曰:"知之为知之,不知为不知,是知也。"中国有句经典名言,"人贵有自知之明",这是对"不知知,病矣"的最好诠释。

所以老子下面讲"是以圣人之不病",就是说悟道之人是不会犯这种低级错误的。为什么?"以其病病也,是以不病",第一个"病"显然是动词,意为担心;第二个"病"字是名词,意即毛病、缺点、问题。就是圣人知道那种状态,属于病态,早就有了戒备心。圣人常常会拿别人的过失来检验自己,看有没有什么缺点、不足?

有则改之,无则加勉。是啊,只有严于律己,时时鞭策自己不要出毛病的人,才不会出毛病。

这里老子告诫大家:世上没有十全十美的人,"人无完人,金无足赤"。人都会有不足,都会犯错误,都会出问题,这些都并不可怕,可怕的是骄傲自满,妄自尊大。所以本章要旨是,对思维意识可能出现的疾病,必须靠"自知"和"自胜"来医治。

第七十二章

民之不畏畏,则大畏将至矣。毋狎其所居,毋厌其所生。夫唯弗厌,是以不厌。是以圣人自知而不自见也,自爱而不自贵也。故去彼取此。

【译文】如果把民众逼迫到不畏惧侯王威势的地步,则对侯王政权的巨大威胁也快来临了。因此统治者不要逼得老百姓居无定所,不要逼得老百姓走投无路。只有侯王不压迫百姓,才不会遭到老百姓的厌恶或反抗。因此,有道之君深知老百姓对自己的重要性,不会自以为是;如果真正爱惜自己(权力)的话,就不应该认为自己比民众高贵。所以要舍弃自是、自贵,选择自知、自爱。

【解析】这一章在承接上一章人贵有自知之明的基础上,深刻阐述了"民可载舟、亦可覆舟""顺民者昌、逆民者亡"的道理,并要求统治者不仅要自知自爱,更要知民而爱民。

老子认为,统治者倘若高高在上,贪图享乐,骄奢淫逸,骑在老百姓头上作威作福,不择手段,横征暴敛。当老百姓走投无路时,那么麻烦就来了,很可能揭竿而起,实行暴动,推翻政权。历史上历次农民起义都是这样爆发的。哪里有压迫哪里就有反抗,这是不争的事实。

"毋狎其所居,毋厌其所生。夫唯弗厌,是以不厌。"这里有三个"厌"字,需要解释一下。前两个"厌"字的意思是压制、抑制。《新唐书·刘悟传》:"朱克融乱,议者假威名以厌其乱,移守庐龙。"后一个"厌"字的意思是嫌弃,憎恶。《论语·宪问》:"夫子时然后言,人不厌其言;乐然后笑,人不厌其笑;义然后取,个不厌其取。""无狎其所居,无厌其所生。"是造成"大畏将至矣"的原因,也是老子向统治者提出了最严厉的警告:好自为之,不可作威作福。紧接着说,如果侯王不压迫老百姓,老百姓就不会讨厌侯王。

"是以圣人自知而不自见也,自爱而不自贵也。故去彼取此。""自知"与自欺的意义相对,这里的"知",含有"良知"的意蕴,它是一种绝对的知的状态。统治者之所以压制百姓,是因为"良知"受到了泯灭。在老子看来,圣人是有自知之明的,他们不仅知道自己半斤八两,也知道老百姓对自己是多么的重要。如果统治者因身居高位而自以为是,严重脱离群众,并到处炫耀自己,抬高自己,那么他就会成为无本之木和无根之草的孤家寡人,最终必然会堕落为昏君、暴君。如果爱护自己的名声,爱护自己的臣民,就应该放低身段,不显示自己比别人高贵,谦虚做人,低调做事。只有这样才能赢得群众的信任和拥戴。

所以老子警告统治者,要有自知之明,不能过分炫耀自己作用,不能认为自己高人一等,要深明"欲上民,必以言下之;欲先民,必以身后之"(第六十六章)的道理。有自知之明而不固执己见,有自爱之心而不自以为是。所以,树立权威要从自尊、自重、自爱、自知开始。

第七十三章

勇于敢则杀,勇于不敢则活。此两者或利或害,天之所恶,孰知其故?天之道,不争而善胜,不言而善应,弗召而自来,坦然而善谋。天网恢恢,疏而不失。

【译文】(面对复杂情况),无所顾忌贸然行事,死路一条;冷静考虑,慎重行事,可以找到活路。这两种行为,哪个是利?哪个是害?老天为什么厌恶"勇"?谁知道其中的缘故呢?天道规律是:不争却能赢得万物的主宰;不语万物却能自发运转;不招呼万物却能自然归附;遇事都能从容不迫地找出解决问题的方法。

天道法则好像是游戏的程序,是一个完整的系统,看似无形无象,而万事万物无一遗漏;凡是违背规律的,都要受到惩罚。

【解析】本章重点讲述"顺道者昌,逆道者亡"的天道法则,天下万事万物都包裹在天网之中,只要违背天理就会受到惩罚,没有谁能逃脱得了。

这一章是对上一章"大畏将至矣"情况下的两种态度。"勇于敢则杀,勇于不敢则活。""勇"者,气也。气之所至,力亦至焉。心之所至,气乃至焉。故古文"勇"从心,作"恿"。老子在第六十九章提到了"勇"时说,"慈故能勇""今舍慈且勇……死矣。"可见,老子是不赞成匹夫之勇的。"敢"者,大胆也。"勇"和"敢"基本意思相近。我认为"勇"是意气用事,指违背自然规律的行为方式;"敢"是指对违背自然规律行为的态度。"勇于敢"比较好理解,即勇于大胆作为。而"勇于不敢"就难办了,不敢还需要勇气吗?显然自相矛盾。在这儿只好偷个懒,折中一下吧。"勇于不敢"即勇于作为,但小心谨慎。这句话的意思是:面对复杂情况,无所顾忌,贸然行事,只有死路一条;冷静思考,谨言慎行,则会有好的结局。事实上,古往今来,成大事者,都是既勇敢同时又勇于"不敢"的。《论语》中,子路问孔子:"谁比较适合带兵打仗?"孔子答:"我。"子路反问道:"我不是很勇敢吗?"孔子说:"可我不仅勇敢,而且还勇于不敢呀!"两位先哲的"勇于不敢",不失为金玉良言。

老子认为,天道是无情的,如果天不怕地不怕,胆大妄为,什么事都能干出来,必然会受到规律的惩罚和法律的制裁。也就是说,胆大妄为的匹夫之勇,必然会遭受杀身之祸。今天人类,如过度开垦草原带来的土地沙化,过度的采伐森林造成的泥石流,过度排放

CO_2（二氧化碳）引起的温室效应等等，都是大自然对人类的无情报复。所以，战天斗地、破坏生态平衡最终会给人类带来灭顶之灾。"勇于敢"和"勇于不敢"这两种行为，在老百姓看来，哪个是利，哪个是害？不好判断。为什么？因为离经叛道，横行无忌会取得急功近利的效果；而循规蹈矩，奉公守法只能谋求长远发展。这两者谁有利谁有害？天道为什么厌恶"勇"？谁也不知道其中缘故！以上是从人与自然角度讲的，这一道理同样适用于人与人之间的关系。一个道德败坏，恶贯满盈的人，无视法律，杀人放火，必然会受到法律的严惩。从佛家角度讲，做任何事情都会有因果报应。所以，衡量"敢"与"不敢"的标准是天理良心，"不敢"的本质是"敬畏天道"。

接着老子对天道规律进行了总结：上天从来不争却能赢来万物的拥戴，成为万物的主宰；上天从来默不作声而万物却按照预定程序自发运转；上天从来不打招呼而万物却自然依附；看似毫无头绪的宇宙，但一切都安排得井然有序。自然法则是在不知不觉之中潜在地发挥作用，从来不用世人惯用的"争""言""召"等外在手段。

"天网恢恢，疏而不失"是对宇宙自然的存在、发展、变化的结论性概括。"天网"就是"天之道"，天道之网是自然运行的规律和人类的行为准则，好比是一款游戏的程序，虽然无形无相，但时刻控制着万事万物的运行。这个系统就像一张无形的大网，无边无际，包罗万象，万事万物一个也不会遗漏。更深一层的意思是在规律面前一律平等，违背了规律就要受到惩罚。也就是中国古人常说的"举头三尺有神灵"，人要有敬畏心和道德观，绝对不要存有侥幸心理。

第七十四章

若民恒且不畏死,奈何以杀惧之也?若民恒且畏死,而为奇者吾得而杀之,夫孰敢矣!

若民恒且必畏死,则恒有司杀者。

夫代司杀者杀,是代大匠斫也。夫代大匠斫者,则希不伤其手矣。

【译文】如果全社会人人都不怕死,为什么要用暴力镇压来恐吓他们呢?如果全社会人人都珍惜生命,一旦有人敢以身试法就镇压他,看谁还敢冒犯?如果一直以来人人都特别珍惜生命,那就把生杀大权交给天道吧。

如果打着"替天行道"的幌子,滥杀无辜。无异于拙夫代替大匠砍伐东西,而拙夫代替大匠砍伐东西,很少有不伤了自己手脚的。

【解析】本章老子继续对"勇"提出质疑,当面对老百姓"不畏死"和"畏死"这两种情况的时候,采取暴力镇压都是没有效的。因为天道已经布下天罗地网,作恶者将无一漏网。如果以天道名义滥杀无辜,则会害人害己。

"生命诚可贵,爱情价更高。若为自由故,二者皆可抛。"裴多菲的这首短诗激励了无数仁人志士为自由而战，老百姓也不例外。对于我们每个人来说，生命都是可贵的，但是当老百姓被逼上绝路的时候，就不惧怕死亡的威胁。就像乡下人说的那样"光脚的不怕穿鞋的"。所以，老子才提出了"若民恒且不畏死，奈何以杀惧之也"的质问。老子在这里说民众不畏惧死亡，实际是在告诫统治者不要用死亡来恐吓民众。如果统治者能够行德政，重民生，则老百姓都能安居乐业，民风自然淳朴，作奸犯科的少之又少，即使出现一个半个异类，严厉惩处，便会起到杀一儆百，以儆效尤的效果。

"若民恒且必畏死，则恒有司杀者。"通过对"为奇者"的震慑，人人都"畏"，社会风气大为好转，这时暴力镇压已经无用武之地了，而"司杀者"出现了。"司杀者"按字面意思，很容易理解成司法工作者，可是春秋战国时代法律体系还没有那么完备。结合前后文分析应该当"天网"解。就是在政通人和，犯罪率极低的情况下，生杀大权交给上天，即自然淘汰。

夫代司杀者杀，是代大匠斫也。夫代大匠斫者，则希不伤其手矣。"大匠"指技艺高超的木工。《吕氏春秋·贵公》："处大官者，不欲小察，不欲小智。故曰：'大匠不斫，大庖不豆，大勇不斗，大兵不寇。'"这里应该指得道高人。古代的帝王都自称天子，并通过祭天表明皇权神授。这句话的意思是说，侯王打着"替天行道"的旗号杀人，这就如同拙夫代替高明的木匠去砍木头一样，而拙夫伐木，很少有不砍伤自己手指的啊！老子言外之意是，不要实行严刑峻法、滥杀无辜，要顺应"天道"，珍惜人民的生命。

第七十五章

人之饥也,以其取食税之多也,是以饥。百姓之不治也,以其上有以为也,是以不治。民之轻死,以其求生之厚也,是以轻死。

夫唯无以生为者,是贤贵生。

【译文】人民所以遭受饥饿,就是由于苛捐杂税太多,所以人民才陷于困境;人民之所以无法治理,是由于统治者政令繁多、管束太严,所以人民就不服管;人民之所以轻生冒死,是因为他们求生的愿望太强烈了,所以才会冒着生命危险去反抗。

凡是不以自生为目的的统治者,都比养尊处优、贪生怕死者贤明。

【解析】本章老子对于统治者压榨百姓、有为之治、贪图享乐等丑恶行径进行了严厉批评,目的是在劝诫侯王要善待百姓,无为而治,洁身自好,与民同乐。

这一章老子直接将造成人民艰难困苦的原因归咎于统治者。在中华民族的历史长河中,圣人明君层出不穷,他们勤政爱民,廉洁奉公的美德一直流传至今。距今4000多年前的原始社会时期,传说在尧帝的时代,"天下太和,百姓无事",老百姓过着安定舒适的日子。一位八九十岁的老人,一边悠闲地做着"击壤"的游戏,一边唱出了这首歌:"日出而作,日入而息。凿井而饮,耕田而食。帝力于我何有哉!"可谓无为而治的典范。

到了周朝末期,由于统治者贪图享乐,挥霍无度,加之战争频发,统治者横征暴敛,老百姓不堪重负。所以老子把这种暴政归结为了"人之饥""不治"和"轻死"的原因。

第一,人民之所以饿肚子,饥寒交迫,是因为官府收取的苛捐杂税太多,老百姓入不敷出,民不聊生。

第二,人民之所以无法治理,是由于统治者政令繁多、朝令夕改,为所欲为,对老百姓管得太严、太死,失去了自由,所以民心涣散,不服管教。

第三,人民之所以轻生冒死,是因为他们求生的愿望太强烈了,因而才会冒着生命危险去反抗。由于统治者私欲膨胀,荣华富贵,不择手段搜刮民财,只顾自己享乐,不顾人民死活。所以人民才不顾生命危险去反抗。《史记·陈涉世家》:"今亡亦死,举大计亦死,等死,死国可乎?"逃跑是死,造反也是死,反正都是一个死,还不如起来造反,轰轰烈烈地死。

这句话是两种统治行为的比对。有道明君不为自生为苍生,"居无为之事",与第七章"不自生,故能长生"同义。无道昏君为了自己的荣华富贵,长生久视,巧立名目,横征暴敛。比较的结果是,凡是不以自生为目的的统治者,都比养尊处优、贪生怕死者贤明。也就是圣人无常心,以百姓心为心。(第四十九章)

第七十六章

人之生也柔弱,其死也坚强。万物草木之生也柔脆,其死也枯槁。故曰:"坚强者,死之徒也;柔弱者,生之徒也。"

是以兵强则不胜,木强则兢。故强大居下,柔弱居上。

【译文】人活着的时候元气尚存,筋骨柔软;一旦死亡身体就变得僵硬了;万物生长的时候很柔软,死了之后就变得枯槁了。因此,"坚强"属于死亡一类,而"柔弱"则属于生存一类。

所以,借助兵力倚强凌弱,必然会群起而攻之,最终也会灭亡;树木长得强壮了,时时面临被摧折和砍伐的危险。因此,强硬是下策,柔弱才是上策。

【解析】本章老子以人和草木的生死状态来说明万物之理,以兵和木强则败来说明处事之道,旨在告诉侯王要守柔处弱。

老子通过观察人和植物从生到死的生命现象,发现人活着的时候整个身体是柔软的,而人一死,整个躯体就僵硬了。自然界的万物草木也是如此,活的时候郁郁葱葱很柔软,柔韧性比较强,想掰断它都不容易,而一旦死了,就变黄、变枯,一掰就断,一点就着。

老子通过观察这两个生命现象,得出一个结论就是万物包括人从生到死的过程，是由柔软变强硬的过程。因此说，"坚强者死之徒也，柔弱者生之徒也。"世间万物，坚强者属于接近走向死亡的一类，柔弱者是属于充满活力的一类。

老子从自然生命现象中归纳出"柔弱胜刚强"的道理，如果把这一道理运用到人生和社会生活，就是做人做事要谦虚、忍让，不能逞强、对抗。就像一场大风吹过，折断的、倒伏的，往往是强壮有力的大树，柔弱的小草却反而安然无恙。所以，守柔是人的成功之道。老子有位老师，名叫常枞。有一次老师病了，老子去探视。常枞把嘴张开问老子："我的舌头还在吗？"老子感到好奇怪：在呀，没有舌头老师你怎么讲话？常枞又问老子："我的牙齿呢？"这时老子恍然大悟：舌头是软的，所以它存在；牙齿是硬的，所以它容易崩落。

老子接着说"兵强则不胜"，这不太好理解，不合常理，兵强难道不能打胜仗吗？显然，老子说的不是这个意思。联系上下文，老子是说，如果一个国家单纯依靠强大的军队来征讨诸侯，攻城略地，必然会四面树敌，群起而攻之，最终结果是满盘皆输。周朝朝廷自己并没有军队，靠礼法统治了八百年，而春秋五霸、战国七雄，红极一时，昙花一现。所以孟子说"仁者无敌"，这就是"兵强则不胜"的道理。世上的万事万物莫不如此，春秋时期，吴、越两国相争，越国大败，几乎亡国。若不是越王勾践在忍辱归国后，一方面不断示柔，一方面积极鼓励吴国的扩张计划，使吴国在国势日益强大的同时，也因战争消耗了大量的人力、物力，国力变得空虚。于是越国便趁吴国大军在外之际，以精兵突击，给予其沉重的打击，迫使吴王承认两国的平等地位，最终在多年的相持下，消灭了吴国。另一层意思是打仗不能逞强，骄兵必败。同样的道理，"木强则兢"，就是树木长得高大了，就会有人惦记，常常面临着被砍伐的危险。另一层意思是如果很脆、很硬，就容易被折断，故有"峣峣者易折"之说。

老子以自然和社会现象，形象地说明柔弱胜刚强的道理，并衷心希望人们不要处处锋芒毕露，不要时时争强好胜，而始终坚守"强大居下，柔弱居上"的信条。

第七十七章

天之道，犹张弓者也：高者抑之，下者举之，有余者损之，不足者补之。故天之道，损有余而补不足。人之道则不然，损不足以奉有余。孰能有余而有以奉于天者？惟有道者乎。是以圣人为而弗有，成功而弗居也。若此，其不欲见贤也。

【译文】天道法则，就像张弓射箭一样，举高了就把它压低一些，低了就把它抬高一些，拉得过满了就把它放松一些，拉得不足了就再拉紧一些。天道法则是减少有余的补给不足的。可是人类的行为方式却不是这样，要减少不足的，来奉献给有余的。那么，谁能够减少有余的，以补给天下人的不足呢？只有有道的人才可以做到。因此，有道的圣人有所作为而不占有，有所成就而不居功。因此只有不表现自己欲求，才是真正的贤能。

【解析】本章老子主要论述了人类社会均衡发展的问题。以拉弓射箭为例，把自然界的生态平衡法则归之于"损有余而补不足"，并要求人类社会也应当改变"损不足以奉有余"的极富极贫现象。

老子以张弓射箭之理，比喻天道法则。当弓拉满的时候，弓把、弓臂、弓梢和弓弦各部位受力均衡，整个弓箭处于一种极度平衡的状态。老子是想通过这个实例来说明，在自然界各种动植物看似毫不相干，其实它们是一个生态平衡系统。当一种物种过剩的时候，天敌就会出现，使物种之间处于一种相对平衡的共生状态。市场机制也有类似的效果。最后，得出一个什么结论呢？得出的结论是"损有余而补不足"，就是消减多的增加少的，最终达到平衡。"人之道则不然，损不足以奉有余。"这是老子强调的重点，人世间的现象与自然界的现象恰恰相反，在封建社会两极分化非常严重，富的越富，穷的越穷，而富的往往是通过剥削穷人变富的。人都有自私的一面，损人而利己，损公而肥私现象屡见不鲜。圣经《新约·马太福音》讲了个故事：有一个主人要出远门，临行前，把三个仆人叫到跟前。他给了第一个仆人500个银币，给了第二个仆人200个银币，给了第三个仆人100个银币，让他们分别去赚钱。几年后，主人回来了。第一个仆人用他给的银币做生意，多赚了500个银币；第二个仆人做买卖，多赚了200个银币；第三个仆人把钱埋在地下，见主人回来，便挖出来给他看，证明自己一个子也没花。主人对第一个仆人，再奖了1000个银币;对第二个仆人,再奖了200个银币;对第三个仆人,不但分文不奖,还收回了原来给他的100个银币。

这是《圣经》上《马太福音》里的一个故事。故事的最后有两句评语:"凡有的,更加给他让他多余;没有的,连他所有的也要夺回来。"意思是说:谁有本事在有的基础上发展得更有,我就翻番地给予他很有诱惑力的奖励,让其十分的富庶;谁没有能力赚到钱,我就要连他那点可怜的家底掏空,使他一无所有。

2015年,国际慈善机构乐施会发布了研究报告《财富:拥有全部,想要更多》,显示最富有的1%人口的财富,在全球财富份额中所占比例越来越高,由2009年的44%增至2014年的48%。报告称,余下全球52%的财富,大部分(46%)为世界上19%的最富有的人所掌握。剩下的80%人口仅拥有5.5%的全球财富,平均每个成年人拥有3851美元,仅是富人平均财富的七百分之一。乐施会报告发现,全球最富有的80个人总共拥有1.9万亿美元的财富,几乎相当于收入水平处于全球后50%的35亿人所拥有的财富总和。而2013年,全球最富有的85人,拥有相当于世界最贫困半数人口的财富;从2009年到2014年,全球最富有80人的财富已经翻了一番。

老子在这里用张弓类比的天之道,不是天之道这个本体本身,也不是天之道的施为方式,而是天之道所产生的效果。后面的文字,正是在启示侯王要遵循道的法则来治国理政,将有余的奉献给天下不足的。

面对这种现象,老子感到深深的忧虑,于是自问自答,"孰能有余而有以奉于天者?惟有道者乎。"谁能拿出自己富余的东西来接济天下苍生呢？答曰：只有悟道、体道、行道的人。这一章老子将"道"解读为自然法则和运行机制。

优秀的领导者应该怎么做事呢？老子说："是以圣人为而弗有，成功而弗居也。若此，其不欲见贤也。"要求领导者不要利用职权盘剥百姓，而要多为老百姓做贡献，即使老百姓都受益了，功成名就了，但也不居功自傲。

第七十八章

天下莫柔弱于水，而攻坚强者莫之能胜也，以其无以易之也。故水之胜刚也，弱之胜强也，天下莫弗知也，而莫之能行也。故圣人之言云：受邦之诟，是谓社稷之主；受邦之不祥，是谓天下之王。

正言若反。

【译文】普天之下没有什么东西比水更柔弱了，而能够攻克坚强物体的东西却没有能够战胜它的。同时也没有什么东西能够改变水的特性。对柔能胜刚，弱能胜强的道理，天下人都知道，却很少有人能够执守。所以圣人说，能够虚心接受批评意见的人才可以做人民的主人；能够拨乱反正，遵循天道的人才配做天下的君王。

圣人思想与世俗观念正好相反。

【解析】本章老子以水为例说明弱可以胜强、柔可以胜刚的道理，目的是让统治者借水悟道，秉持处下、柔弱的精神，实行"无为而治"。

天下最柔弱的东西是水，水的本领非常强大，用两个成语概括，"水滴石穿""排山倒海"。水滴石穿不用过多解释，常人都有这种体会。"排山倒海"是说水的力量强大，人们经常用洪水猛兽来形容水势凶猛，势不可挡。一旦洪水来临，即使再强大的东西瞬间都会化为乌有。所以说，再坚固强大的东西在水面前也无可奈何。水的特性是无法改变的，因为它无形无状，抓不住，打不烂。李白早就发现了，所以才有"抽刀断水水更流"这样的名句。对柔能胜刚，弱能胜强的道理，天下人都知道、都明白，在日常生活中，却很少有人能够领悟其中的真谛。

那么，侯王们是不是也会犯类似的错误呢？肯定会。所以老子借圣人之口，明示道："受邦之诟，是谓社稷之主；受邦之不祥，是谓天下之王。""诟"，指辱骂，批评。"社稷"，是古代帝王、诸侯所祭祀的土地神和谷神，以后被用作国家的代名词。"不祥"，根据第55章"益生曰祥"的解释，阴阳调和，顺应天道谓之"祥"，那么"不祥"就是违背自然规律的行为。为人谦虚，有包容心，能够虚心接受批评意见的人可以做人民的主人；能够拨乱反正，遵循天道的人才配做天下的君王。

最后，老子在质疑人们——正言若反。意思是我所讲的话，皆是至理名言，真实不虚，可是"天下莫不知，而莫能行也"。"正言若反"是老子哲学思想的高度概括，比如无为与有为，柔弱与刚强，进寸与退尺等理念，不仅如此，整部经文都在论述这一思想，"曲则全""大成若缺""明道若昧""进道若退""大白若辱""大音希声"等等。为什么老子思想与世俗观念会截然相反呢？因为这就是"天之道"（圣人之道）与"人之道"的区别。老子是用长远的眼光和辩证的思维看问题，他认为任何事物都具有"二重性"，对立双方互相包含，相互转化，相辅相成。而世人是用一成不变的眼光直观地看问题，角度不一样，结果就不一样。所以，老子才絮絮叨叨，反反复复，一个劲儿地提醒大家。

第七十九章

和大怨，必有余怨，焉可以为善？是以圣人执左契而不以责于人。故有德司介，无德司彻。夫天道无亲，恒与善人。

【译文】积怨太深不好化解，即使和解了，但给他人心头造成的伤痕也难以完全弥合。那么，怎样做才更符合道呢？就像圣人那样，虽然手里拿着对方的借据，但不要求偿还。所以，明道之人会信守契约；不明道的人就像朝廷纳税一样，斤斤计较，想方设法盘剥别人。天道法则无亲疏贵贱之分，永远会护佑善于行道之人。

【解析】本章主要阐述了统治者与民众的关系。统治者只要尊道贵德，就不会与民众结怨。反之，就会激化矛盾。

全章共分三个层次：首先老子提醒人们最好不要与人结怨，如果积怨太深，很难化解，即使暂时和解了，但心头的创伤也难以弥合。小学课本里有个《钉钉子的故事》，有个小男孩脾气很坏，他的父亲决定帮助他改掉坏脾气。一天，父亲给了他一大包钉子，要求他每发一次脾气，就用铁锤在他家后院的栅栏上钉一颗钉子。有一天，当钉子从栅栏上拔出来时，栅栏再也不是原来的样子了，栅栏上留下了一排排小孔。所以，不管是为政者也好，还是老百姓也好，对人都要抱着宽容的态度，能忍则忍，能让则让。

第二层次是避免矛盾的发生。让领导者借鉴圣人的做法，"是以圣人执左契而不以责于人"。"左契"，就是债权人手里拿着的契约。"契"是契约，在古代甲乙双方定了合约以后，从中间分开，甲乙双方各执一份，等将来还债的时候，双方拿出契约相互比对，对上了就还钱。可是圣人所遵循的是天道法则，孕育万物而不求回报。紧接着老子又得出两个结论："有德司契，无德司彻。"意思就是有德者，无为，不争，即便订立契约，也是互相约束而已；而无德的，乃是有为，却要求连本带利一次性偿还。显然，后者就是造成大怨的主要原因。"彻"，是春秋时期的租税制度。《孟子·滕文公上》记载："夏后氏五十而贡，殷人七十而助，周人百亩而彻，其实皆什一也。"这里指苛捐杂税。

最后，老子揭示了天道法则："夫天道无亲，恒与善人。"站在天道的角度，世界上所有生命都是存在而已，无所谓好与坏。天之道对于万物至公至平，无亲无疏，一视同仁，没有偏私。天道好比当今的法律，在法律面前人人平等，尊重法律的人，就会受到法律的保护；违法犯罪的人，就要受到法律的制裁。天道永远是护佑善于行道之人，不尊重事物发展规律就要受到惩罚。

老子告诫我们，一定要做一个循规蹈矩的"善人"，不要违背道义和触碰法律底线，而要扎扎实实走好每一步。

第八十章

小邦寡民，使十百人之器毋用，使民重死而不远徙：有车舟无所乘之，有甲兵无所陈之。使民复结绳而用之：甘其食，美其服，乐其俗，安其居。邻邦相望，鸡狗之声相闻，民至老死不相往来。

【译文】要维持诸侯国地域小、人口少现状，即使有先进的武器装备也不发动战争，这样老百姓就不用冒着生命危险而远走他乡。国家虽然有船、有车，却无人乘坐它去远行；虽然有军队，也不去打仗。使民众的思想恢复到结绳记事时代的淳朴状态。

民众对自己所吃的食物觉得甘甜，所穿的服饰觉得美观，所住的房子觉得安适，所留传的风俗觉得很有乐趣。因此，邻国之间虽然能够互相望见对方、能够互相聆听到对方的鸡鸣犬吠之声，但是民众直到老死也互不侵犯。

【解析】这一章充分表达了老子止兵戈,少杀戮的爱民情怀,描绘了一幅理想的社会景象:国家很小,人口很少,没有压迫,没有剥削;国与国之间和平共处,相安无事,没有战争;社会和谐,人性本真,民风淳朴,安居乐业,政通人和。

大家知道,春秋战国时期,诸侯国很多,那时候所谓的国,实际上就是个行政区,疆域小,人口少,都统辖于周朝朝廷。到了东周时期,朝廷失去了对诸侯国的控制权,诸侯之间的兼并战争频频发生,当时诸侯国的财力主要用于战争开支,老百姓不堪重负,民不聊生,生灵涂炭。"小邦寡民"的意思是保持现有的状态就很好,不要寻求无限扩张。

有人认为老子是开历史倒车的人,希望人类回到"小邦寡民""结绳记事"的时代,这是对老子莫大的误会。老子作为周王朝的史官,对春秋时期诸侯兼并战争给老百姓带来的灾难历历在目。他老人家认为造成老百姓流离失所的主要原因是由于诸侯"有为",私欲膨胀,企图坐大。老子面对这一现实,对侯王们提出了殷切期望,并为老百姓勾勒出了一个理想蓝图。

本章分两部分:第一部分讲诸侯要秉持无为的理念。"十百人之器""车舟""甲兵"都是战争的工具,这些战争工具是起威慑作用的,一般不能使用。"十百人之器"是指耗费巨大人力、物力的战争武器,泛指劳民伤财之事。当今世界不也搞军备竞赛吗?如果侯王没有企图,不发动战争,那么,老百姓的徭役就会减轻,生活才会安定,才能"重死而不远徙",就是不会冒着生命危险,四处逃难。

"复结绳而用之",应该是比喻,不是恢复到原始社会,而是民风恢复到结绳记事时代的淳朴状态。

第二部分讲理想社会的图景。不追求地域广,人口多的大国目标,国与国之间和平共处,相安无事,互不侵犯,这样就能使社会安定,天下太平,老百姓安居乐业。

我国的外交方针很可能是从这一章得到的启发:"互相尊重主权和领土完整、互不侵犯、互不干涉内政、平等互利、和平共处五项原则。"

第八十一章

信言不美,美言不信;知者不博,博者不知;善者不多,多者不善。圣人无积,既以为人己愈有;既以予人己愈多。

故天之道,利而不害;人之道,为而弗争。

【译文】可信的话不动听,动听的话不可信;有智慧的人不敢于冒险,敢于冒险的人往往缺少智慧;能够干成事的人,不会过多考虑个人利益;私欲过甚的人很难干成事。有道的人不积攒财富,因为他知道越是帮助别人,自己越富有;越是给予他人,自己越多得。

所以,天道的法则是利益万物而不妨害;圣人的法则,是为民众做事而不争利。

【解析】这一章在通行本中是最后一章，主要阐述了侯王如何运用"处下"这一原则进行自我约束，最终实现天道与人道的合一。

最后一章我要好好讲一讲。这一章主要讲的是"王道"，可分为三个层次：

第一个层次，主要讲日常生活中存在的问题。首先老子针对大多数人都喜欢用花言巧语来取悦他人。他说可信的话不好听，好听的话不可信。就是人们常说的"良药苦口利于病，忠言逆耳利于行"的道理。喜欢阿谀奉承是人性弱点，特别是身居高位的领导者从不接受别人批评，都愿意接受鲜花和掌声，其实后果很可怕。人一旦沉溺其中，很可能会迷失自我，骄傲自满。看看周围，那些传销组织和卖假货的，说的比唱的还好听，一旦上钩，很难逃脱。其次，老子针对人们贪婪习性和侥幸心理，提出了"知者不博，博者不知"的论断。"博"，即博戏，为古代的一种游戏。《家语》："君子不博，为其兼行恶道故也。"这里可引申为冒险或不务正业。意思就是有智慧人是不会去赌博冒险的，善于冒险的人往往是不明道的。再次，老子针对人们贪婪的习性，提出要少私寡欲，即"善者不多，多者不善"。意思是善于干事的人，不会过多考虑个人利益；私欲过甚的人很难干成事。

第二层次主要讲了个因果定律。这不仅是佛家用语，对道家也适用。佛法有"六度"，即是布施、持戒、忍辱、精进、禅定、般若。"六度"就是六个到彼岸的方法。第一是布施，布施分为：财布施、无畏施、法布施。凡以物质利益帮助大众，叫作财布施。道家讲的帮助别人有两个好处：一是帮助别人自身会得到快乐，"送人玫瑰，手留余香"。二是能够积阴德，惠及子孙。阴德就是暗中做有利于他人的事。简单来说，就是学雷锋做好事不留姓名。《淮南子·人间训》："有阴德者必有阳报，有阴行者必有昭名。"按中国人"一世说"的生命观来说，子孙就是生命的延续，积阴德能惠及子孙。《易传·文言传·坤文言》"积善之家，必有余庆，积不善之家，必有余殃。"

司马光《家训》说得好："积金以遗子孙，子孙未必能守；积书以遗子孙，子孙未必能读；不如积阴德于冥冥之中，以为子孙长久之计。"

范文正公范仲淹，是个最显明的例子，他本来很穷，作了将相几十年，到死的时候，仍然没有私人的田产园宅。他生性好施，凡是贫穷的亲戚或没亲戚关系的贤者，他都施舍。当他刚显赫时，他想照顾亲族，力不从心者长达二十年。从西陲挂帅到参大政后，他曾在故乡买千亩良田，号称"义田"，以帮助族人，达到每天有饭吃，每岁有新衣，婚娶凶丧有补助的理想。他从族里选择一位年老而贤能的人，主持计划和出纳。

有一天，他得到钱氏南园，想要搬去居住。这时风水先生告诉他："住在那里，子孙会出公侯卿相！"

范仲淹回答："只有我们一家人独享富贵，不如附近的人都能在这里受教育。这样得到富贵的人，岂不是更多吗？"

于是，他就把那块地捐献出来兴建学校。

若是从俗人的眼光看起来,他算是白忙了一世,然而他对天却是赢了一盘大棋,他的子子孙孙,几百年来多是贵盛贤才啊!

林则徐曾有著名的教子联:"子孙若如我,留钱做什么?贤而多财,则损其志;子孙不如我,留钱做什么?愚而多财,益增其过。"林则徐自己官场不得志,但他的子孙数代都书香不断,曾孙辈中尚有进士、举人,后人仍然存在显达者。

农村有句老话:"但存方寸地,留与子孙耕。"如果一个家庭能够常做好事,后代子孙一定好;如果你使坏,喜欢做缺德事,就算现在聪明能干、富贵荣华,但也富不过三代。

从能量的角度来讲,人做好事、做善事无形中会得到正能量的加持,而且回馈的能量是巨大的。老子说:"是以圣人退其身而身先,外其身而身存,不以其无私与?故能成其私。"(第七章)这应该就是好人必有好报,吃亏是福的道理。

第三层次揭示了老子的终极理想:人道与天道合一,利益大众而不相争。"利而不害,为而不争",是老子推崇的为人处世原则。天道不会相害于万物,天道只会有辅万物生长,天道也从来不会在万物生长中在乎得失,有所取舍。所以,统治者应该效法于天道,学习于圣人,要以天道利而不害,圣人为而不争来为人处世。在生活中应推己及人,应在力所能及的范围内,真心诚意地去帮助别人,关爱他人。

参考书目

陈鼓应　《老子今注今译》

李中华　《〈道德经〉应用智慧—老子的人生智慧》

沈善增　《还吾老子》

赵又春　《我读老子》

熊春锦　《老子德道经》

姚淦铭　《老子智慧与成功人生》

韩鹏杰　《道德经说什么》

刘广迨　《逻辑解析道德经》

刘笑敢　《老子古今》

肖钢　《道论·帛书破译报告》

杨进禄　《老子哲学解读》

周高德　《道德经》简读讲义

玄易道人　《老子通释》讲义

赵妙果　《道德经学用》讲义

张清一　《道德经》讲义

张庆祥　《道德经》讲义